命知らずの湯

半死半生でたどり着いた幻の秘湯たち

瀬戸圭祐

SANSAIBOOKS

日本一ワイルドな温泉天国

北海道 野湯の旅

写真協力◎木下滋雄

屈斜路湖に突き出た半島の先端には、モウモウと噴煙を上げるオヤコツ地獄がある。滑りやすい赤茶けた粘土質の斜面を、ストックを使い三点確保しながら下りる。温泉成分で青味がかった湖水と噴煙のコントラストが鮮やか

半島の東岸に見つけた「奥の湯」は、崖側の岩の隙間から少し熱めの湯が湧出しており、石の堰で囲われた湯船は、ほどよい湯加減。湖面と同じ高さの視点で眺める景色を堪能しながら、湖の中に浸かって湯浴みしているかのような感覚になった

湖岸のあちこちで熱湯がボコボコと湧出し、湖に流れ込んでいる。熱すぎる場所が多いが湧出口から離れるほど湖水の比率が増える。適温の場所で入湯する。しかし突然、湖の底からも熱湯が湧き出してきて、お尻がアチチッとなった

P004に続く

　北海道には、全国で最多の約250もの温泉地がある。野湯はそれには含まれておらず、正式な統計はないが、間違いなく日本国内で最も多いだろう。いまだに発見されていない、人知れずひっそりと湧いている野湯も数多くあるに違いない。季節は夏。そんな野湯天国を巡る、マニア垂涎の旅に行ってきた。

　屈斜路湖界隈は温泉が数多く自然湧出している。和琴半島先端の湖面すぐそばの岩場からは、勢いよく噴煙が上がっている。そこに向かうと、風向きによっては噴煙が襲いかかってくる。噴出口からは熱湯が湖に流れ込んでいて、まさに地球が生きていることが感じられた。湯と湖水が自然と混ざり合っている湯船からは湖を一望でき、遮るものは何もない。そのまま湖で泳ぐこともできたので、さらに大自然との一体感を満喫した。

　半島の東側にも、石を積んだ堰で囲われた野湯を発見した。斜面をヤ

白い土壌のシラカバの林を抜けると、巨岩がゴロゴロするガレた山肌の谷に出る。落石が多発する危険地帯で死亡事故も発生しており、現在は立ち入り禁止。あちこちから火山ガスが噴出しており、ガレ場を歩くと足場が崩れる

ガレ場には水場がなく、温泉の気配などもまったくない中、突然、見事な湯船が現れる。湯船からの眺めは荘厳。荒涼とした山肌の向こうに原生林の樹海が広がり、背後の山側はゴツゴツした岩肌に囲まれる。いたるところから噴煙も立ち上り荘厳の一言。山岳砂漠のオアシスのようだ

白湯山へ登る途中に、火山の地熱で高温になった泥と湯が、火山ガスとともに地表に噴出している「ボッケ」が広がる地獄地帯がある。有毒ガス発生地帯で立ち入り禁止だが、湯が沢となって流れている。しかし、その辺りは熱湯で地獄の釜のような状態だった。下流に行くほど湯温が下がるため、適温になる場所を探す

ブコギして下りてゆき、底を掘って快適適温の湯船を作る。希少な湖畔の野湯から、雄大な屈斜路湖とその対岸のたおやかな山々を眺め、最高の気分に酔いしれた。

　次に、山の上からの絶景を眺めながら入湯できる野湯を目指す。荒涼とした岩と砂の斜面を進むと、突然、ガレ場に似つかわしくない立派な湯船が現れた。数m上部の山肌に、黒いパイプが直に差し込まれていて、地上に出ている側のパイプの先から湯が出ている。入湯すると、白い湯の花が舞い上がり、湯の濃厚さを感じられる。360度すべてが感動の雄大な景色。まるで異次元の世界だ。

　続いて、阿寒湖界隈の野湯に向かった。Aスキー場の駐車場から夏のゲレンデを登ってゆく。ゲレンデは登山道に比べて傾斜がきつく、息が切れてしまう。振り返ると、そこには雄大に阿寒湖が横たわり、その隣に雄

数十m進んでは笹ヤブを掻き分けて沢に下り、温度を確かめることを繰り返した。100mほど下ると、自然探勝路のすぐ横に湯船を作れそうな湯溜まりがあった。スコップで底を掘り、砂や石で堰を作るなどの湯船工事をする。さっそく入湯するが、すぐ横は登山者が歩く道だったので、残念ながら落ち着いての湯浴みは楽しめなかった

P006に続く

Special.01 | 北海道 野湯の旅

阿寒川は釣り人が多く、流れを進むのは迷惑なので川岸の崖をゆく。しかし、崖に道はなく、想像以上に険しかった。急な斜面をよじ登っては下り、川岸で源泉を探し、またよじ登る、という行程を繰り返した

川岸の森の中に土管が縦に埋まっていて、中が適温の湯で満たされている。底からは気泡とともに湯が湧いていた。崖の中腹からは熱い湯が湧出し、崖下のポリバスにホースで注がれている。ポリバス内は適温。目の前の渓流のせせらぎを聞きながらの湯浴みには、心が洗われた

阿寒岳がそびえていた。自然探勝路に入り森の中を進むと、笹薮の下に小さな沢が見えてきた。その沢には、上流の地獄地帯で湧出した温泉が流れている。人が歩く自然探勝路のすぐ横で、湯船工事をして入湯した。

　ゲレンデを歩いて下り、阿寒湖から流れ出る川のほとりの野湯に向かう。源流近くは、護岸も水門工事もされていない自然のまま。川岸のいたるところから温泉が湧出している。川岸の崖をよじ登って進み、20

分ほどアップダウンを続けると、崖の中腹から赤茶けた湯が湧出している場所に出た。ここは通称「手水(ちょうず)の湯」。そのままでは熱すぎるが、誰かが設置したホースでポリバスに流れ込むまでに大気によって冷まされ適温の湯船になっていた。数十m奥には、地中にポリバスが埋まっていて、その底や壁の割れ目から湧出した湯が溜まっていた。さらに十数m奥には、土管が縦に埋まっていて、中が適温の湯で満たさ

先ほどの小道を戻り、分岐を西に数十m進むと、川の段丘岩盤上に小さめの湯船の「メノコの湯」があった。川面からは数mの小高い崖上にあり、渓流の眺めがよい。熱めだが、横にバケツが置いてあったので、川の水を汲んで湯温調整ができた

⋯⋯⋯⋯⋯⋯➤
P008に続く

K温泉から気持ちのよい林道を歩いてゆく。林道はクルマの通行にも支障はないが、一般車両も歩行者も立ち入り禁止

林道の終点の駐車スペースから小道を下ると、すぐに分岐があり、それを左に。数十m進むと木が伐採され、視界の開けた草原に出た。そこには石で周りを固めて作られた「ダム下の湯」が湯けむりを上げていた。湯面には藻や虫の死骸などが浮いていたが、すくい出すための網が置いてあったので、取り除いて湯浴みを楽しんだ

Special.01 北海道 野湯の旅

左写真の「ペニチカの湯」は、豊富に湧出する熱湯で、モウモウと湯気を上げていた。その十数m下流には、適温で快適な「崖下の湯」があった。「メノコの湯」の崖の直下にあるが、それぞれの温泉は至近距離にあるにも関わらず、泉質がまったく異なっていた

少し上流の川岸の岩の間から熱湯が湧出しており、そのまま川に流れ込んでいた。先人が工事した湯船跡に湯溜まりを形成しているが、熱すぎて入湯できない。この「ペニチカの湯」は増水のたびに流されているようだ。いくつも湯船跡があるのは何度も工事をした証だ

れていた。通称「フレの湯A・B」と呼ばれるこの二湯も工事せずそのまま入湯できる。

　阿寒湖から100kmほど西の山深い峡谷にも、個性豊かな野湯がいくつも点在する。峡谷の林道を歩いてゆくと、通称「ダム下の湯」がある。砂防ダムの滝音がよく響く中で、開放的な湯浴みを楽しめた。

　少し戻って西進すると、高さ数mの崖上に、通称「メノコの湯」と呼ばれる硫黄泉に着く。「メノコ」とはアイヌ語で「女の子」という意味だ。川沿いにある野湯は豪雨のたびに壊されてしまうが、ここは高所なのでずっと残っている。さらに川の上流にまで足を運んでみると、モウモウと蒸気が上がって多量の熱湯が湧出していた。そこは通称「ペニチカの湯」と呼ばれている。その下流には、通称「崖下の湯」がある。崖下の洞窟内から湯が湧出し、大きな湯船になっていた。洞窟内はモウモウとして

2016年に次々に北海道を襲った台風で、岩間温泉にアクセスする林道は破壊された。この橋から先は特に被害が大きく、現在も崩壊が進んでおり、自然の状態に戻りつつある。クマザサに覆われた「待避所」の道路標識は、ここがかつて道路であったことの名残

崖崩れで先が完全に閉ざされていたため、川に下りる。かつてこの川の浅い場所は、四輪駆動車なら渡河できたという。しかし、クルマどころか、人が渡る場所を探すのも大変だった。足場のよい場所を探しながら、必死で対岸に渡った

かつての林道は深くえぐられていたり、倒木が道を塞いでいたり、笹ヤブに覆われていたり。一人がやっと通れる道になっている

渡り切った先に道はない。かつてクルマが通っていた道があるはずなのだが、深い笹に覆われて見つからない。やがて幅があり、人工的な直線の沢に出たが、どうやら林道が今や沢と化したらしい。しかし、岩と泥だらけでぬかるんで歩けない。川に戻って、その中を歩いたほうが進みやすかった

P010に続く

かつてのコンクリートの湯船は完全に消失しているが、山肌から湧き出る乳白色の良質な硫黄泉は今も川に流れ込んでいる。その場所にあった小さな湯船跡は熱すぎて入湯できなかったため、工事で川の水を引き込み、適温にした

台風で跡形もなく壊されたあとも、豪雨時の洪水で流れを変え続けているようだ。瀬音を耳に気持ちのいい湯浴みを楽しむが、この湯船も増水したら一発で流されてしまうだろう

数十m上流には、洪水で露出した岩壁の断層面がある。地層境界面に沿って随所から温泉が湧出しており、硫黄成分の白い析出物が付着していた。かつてはここにも湯船があったが、今は川底になってしまい、痕跡はない。岩壁の周りには、火山性ガスに強いイネ科の多年草である高山植物、イワノガリヤスが群生していた

息苦しく、すぐに脱出せざるを得なかった。

　国道に戻って石狩山地を北上し、未舗装の林道を30分以上歩く。荒れた路面にクルマの底が何度もぶつかり、ヒヤヒヤした。かつては四輪駆動車でアクセスでき、湯船はコンクリート作りだった岩間温泉は、2016年に次々に北海道を襲った台風で破壊され、林道も崩壊した。2018年の夏に、I岳への登山口まで林道が復旧したが、その先は崩壊したまま。さら

に、奥深い山中のルートはヒグマ出没地帯だ。熊鈴を付けてはいるが、それでもヒグマに出くわすのが怖くて、大声で歌いながら歩いた。途中から道はなくなり、川の中を歩いて数百m遡る。川岸の崖からは、今も硫黄泉が湧出していた。湯は熱すぎるので、川の水を引き込み適温の湯船を作る。これが本来の野湯の姿だ。ヒグマが出てきそうなので、長居はせずに帰路に着く。もちろん歌いっぱなしで歩き続けた。

オヤコツ地獄

DATA

●訪問：2020年夏
●アクセス難易度：★★
●歩行時間(往路)：約20分
●湧出量：適量
●湯温：高温
●湯船工事難易度：★

奥の湯

DATA

●訪問：2020年夏
●アクセス難易度：★★
●歩行時間(往路)：約15分
●湧出量：適量
●湯温：適温
●湯船工事難易度：★

硫黄山の湯
※現在は立ち入り禁止

DATA

●訪問：2020年夏
●アクセス難易度：★★
●歩行時間(往路)：約40分
●湧出量：適量
●湯温：適温
●湯船工事難易度：工事不要

白湯山湯ノ沢

DATA

●訪問：2020年夏
●アクセス難易度：★★
●歩行時間(往路)：約1時間
●湧出量：適量
●湯温：高温
●湯船工事難易度：★★

阿寒川沿いの野湯群

DATA

●訪問：2020年夏
●アクセス難易度：★★★
●歩行時間(往路)：約20分
●湧出量：適量
●湯温：適温
●湯船工事難易度：工事不要

北海道の野湯 DATA

ダム下の湯
※現在は立ち入り禁止

DATA

●訪問：2020年夏
●アクセス難易度：★★
●歩行時間(往路)：約30分
●湧出量：適量
●湯温：高温
●湯船工事難易度：工事不要

メノコの湯
※現在は立ち入り禁止

DATA

●訪問：2020年夏
●アクセス難易度：★★
●歩行時間(往路)：約30分
●湧出量：適量
●湯温：高温
●湯船工事難易度：工事不要

崖下の湯
※現在は立ち入り禁止

DATA

●訪問：2020年夏
●アクセス難易度：★★
●歩行時間(往路)：約30分
●湧出量：多量
●湯温：適温
●湯船工事難易度：工事不要

ペニチカの湯
※現在は立ち入り禁止

DATA

●訪問：2020年夏
●アクセス難易度：★★
●歩行時間(往路)：約30分
●湧出量：多量
●湯温：高温
●湯船工事難易度：★★

岩間温泉

DATA

●訪問：2020年夏
●アクセス難易度：★★★★
●歩行時間(往路)：約1時間
●湧出量：適量
●湯温：高温
●湯船工事難易度：★★

※上記はすべて筆者訪問時のものです。現況と異なっている場合があります

Intro

初めての出会いと同時に
野湯の魅力にとり憑かれる

　私は、子どものころから人が行かないところに行くのが好きだった。現在は多くの山で禁止されてしまったが、10代のころは富士山や日本アルプスの3000m級の山々に自転車を担いで登り、山中でのツーリングを楽しんでいた。大学生の時は、北米大陸のロッキー山脈や、北極圏のスカンジナビア山脈などを自転車で縦走した。

　しかし、社会人になってからは長期休暇はとりにくくなってしまった。

　2000年代に入り、アウトドア仲間から「野湯」の存在を教えてもらった。それは、しばらくくすぶっていた私の好奇心に再び火をつけた。なんとしても行ってみたくな

り、必死で情報を探した。当時はネットも普及していない。それでも手持ちの山地図をつぶさに見ているうち、道のないところに「♨」マークを発見した。まずは、そこに行ってみようと思った。

　崖崩れを乗り越え、川の中を遡るアクセスは容易ではなかったが、なんとかたどり着くことができた。その源泉では盛り上がった析出物の周りから、こんこんと湯が湧き出ていた。深夜残業や休日出勤が続き、心身ともに過労気味の日常の中でようやくたどり着いた野湯。絶えることなく湧き出てくる温泉に癒やされ、心の奥底から安らぎを覚えた。初めての野湯との出会いで、一気にその魅力にハマってしまったのだ。

　以来、とり憑かれたように野湯を探しては訪ねる日々が始まった。

人の行かない場所へと誘われ 気づけば野湯を追う日々

**定義も読み方も数も謎
温泉天国日本の「野湯」**

「野湯」の読み方は「のゆ」「やとう」「のとう」「やゆ」など、実は定まっていない。比較的多く使われている読み方は「のゆ」だろう。

環境省が2019年に発表した『令和元年度温泉利用状況』によると、日本国内の源泉総数は27969カ所とのことだが、野湯は含まれておらず、公式な統計はない。

湯が湧出しているが湯船が作れないところや、足湯しかできない場所も野湯とする考えもあるが、私個人としては、最低でも寝湯ができることが、野湯の条件だと考えている。この私的な定義で野湯と呼べるところは、日本全国に100湯程度はあるのではないかと推測している。

野湯の立地は実にさまざま。山中や崖、洞窟の中、海岸の潮溜まり、沢や滝そのものが湯船の場合もある。かつての温泉宿が廃業となり、野湯と化したものもある。

**出発前の準備段階から
その楽しみは始まっている**

野湯の楽しみは、「ここに行こう」と決めた時から始まる。

まずは情報収集だ。野湯の状況は、自然現象により刻々と変わっているので、より新鮮な情報を多く集めたい。情報を探し集め、それを元にプランニングすることも楽しみ。ヤブコギしたり、崖をトラバースしたり、沢歩きをしたり。行程を考えながら計画を練るだけでワクワクする。

持ってゆくのは、通常のトレッキング装

幾多の困難と戦い続け 20年で全国80湯あまりを制覇

備に加えて、折りたたみ式スコップ、ウォーターシューズかスポーツサンダル、ゴム引きの厚い手袋、水着とタオル、レジャーシートなど。非常食を含めた食料と多めの飲み物も忘れてはならない。

そして、最も重要なのがGPS機能の付いたスマートフォン。道に迷うことも多いため、これがないと冗談抜きで命取りになる。バッテリーの充電も満タンが必須だ。

危険と隣り合わせの中で 特に要注意は「ボッケ跡」

野湯探訪には数多くのリスクが待ち受けているため、予期せぬトラブルに備えて、可能な限り早い時間に出発し、道中は常に安全に帰るための残り時間を考え行動する。林道や山道から、道なき道へ入ることが多いが、私は常に日没の1〜2時間前には、ゴールする前提で行動している。

崖での滑落やヤブコギでの負傷など、さまざまな危険が潜んでいるが、最も気をつけるべきは有毒ガスと火傷だ。有毒ガスは、臭いや蒸気によってある程度予測し対処できるが、火傷はそれよりもずっと危険察知のハードルが高い。入湯時以外にも火傷を負うケースは想定される。

それが、「ボッケ跡」といわれる危険な落とし穴だ。「ボッケ」とは泥火山のこと。地熱により熱泥や熱水が地表に噴き出している現象だ。「ボッケ"跡"」になると、その活動が地表では収まっている。しかし、これが目に見えない「罠」なのだ。

一見、普通の堅い地面のように見えるのだが、その地下には熱泥や熱水が隠れてい

る。薄くなった部分を踏み抜いてしまうと、高温の熱泥や熱水に足を突っ込み、たちまち火傷。野湯探訪の経験をいくら積み重ねても、ボッケ跡での火傷は避けて通れない。

野湯探訪者として心がけたい最低限のルール

　野湯探訪者同士の暗黙のマナーのひとつに、「野湯の場所は安易に人に教えない」というものがある。多くの人が集まると、野湯本来の楽しみが味わえないということもあるが、準備不足の"初心者"が軽い気持ちで訪れて、万が一事故があれば立ち入り禁止になってしまう恐れもあるからだ。

　自己責任で、誰にも一切の迷惑をかけず、絶対に事故を起こさず、安全に帰る。そのためにも経験や知識が必要不可欠で、野湯へ

の考え方もしっかりしていない人は、野湯を訪れてはならない。

　自然の状態を維持することも大切。ゴミは持ち帰る。シャンプーや石鹸なども使用しない。自然の状態をそのままに保つことは、最低限のルールだ。

　これまで20年近くにわたり、全国津々浦々の野湯を探訪し、それぞれの魅力に感動を覚えてきた。その集大成として、60数湯の野湯についての私の実体験をルポルタージュとして紹介している。

　道なき道をたどり、崖や沢を攻略し、人知れず湧き続けている源泉に出会う。本書を読み、野湯へと近づいてゆく探訪の行程を、まるで目の前で起こっているかのように疑似体験してもらえれば幸いだ。

Contents

野湯名称

感動モノの白濁湯は全国の野湯でも随一

都道府県名
市区町村名（仮名）

栃木県N市 | 膳棚の湯

040

1章 山を攻める

おおよその
所在地MAP
※★印は市区町村の
　おおよその位置です

筆者が訪れた時期

野湯までの
行程の難易度

登山道入り口など
起点から野湯までの
往路所要時間

※複数の野湯をまとめて紹介している場合は
　一番遠い野湯までの時間を記載しています
※勾配などの影響で復路は必ずしも往路と一致しません

湯船を作る際の
難易度

野湯の
源泉温度

野湯の源泉から
自噴する湯量

ガレ場の棚から絶景が広がる

　スキー場を起点に、古来から行者の修験道である登山道をゆく。鬱蒼とした樹林帯を50分ほど登り、小さな尾根を越えると、パッと視界が開け、足もとにガレ場が広がった。数十m先の崖下に白く染まった岩場が見え、そこに向かってガレ場の崩れた斜面を下る。気を抜くと、200m下の谷底めがけて転がりそうだ。このガレ場は階段状に傾斜した地形で、食器類の整理棚に似ていることから、膳棚と名づけられている。その膳棚の石垣が積まれて平らになった段に湯船はあった。

　湯船のすぐ横から自噴している硫黄泉と、崖の上部に差し込まれたパイプから湧いている無色透明の湯がブレンドされている。透き通った湯の底には白い沈殿物が厚く堆積している。工事跡のある湯船は浅いので、スコップで底を掘ると堆積物が攪拌され、一気に真っ白になる。こんなにもすごい白濁湯は他に類を見ない。

DATA
■訪問……2015年秋
■アクセス難易度……★★★
■歩行時間（往路）……約1時間
■湧出量……少量 ★
■湯温……低温 ★
■湯船工事難易度……★
※上記はすべて筆者訪問時のものです。
　現況と異なっている場合があります

※本書掲載の情報はすべて、筆者が現地訪問した際のものです。現況が著しく異なっていたり、野湯自体が消失している場合もあります
※私有地や国有林など、訪問には管理者の許可が必要な場合があります
※有毒ガスなどの影響で、現在は立ち入りが禁止されている野湯もあります

山を攻める

山の野湯の多くは、入湯しながら素晴らしい景色を眺めることができる。山中に湧き出す源泉の周囲では、噴気や温泉成分の影響で背の高い植物が育ちにくく、空間が開けていることが多いからだ。高低差のある道中で体力を奪われるが、たどり着いた高所には、とうとうと湧き続ける神々しき湯が待ち受けている。

暗闇の洞窟最奥部からとうとうと湯が湧く

梶山元湯

※ツアー参加者以外は立ち入り禁止

DATA
訪間……2020年春
アクセス難易度……★★★
歩行時間(往路)……約40分
湧出量……適量
湯温……低温
湯船工事難易度……★
※上記はすべて筆者訪問時のものです。
　現況と異なっている場合があります
※ツアー申し込み:根知未来会議

ロープを用いた登攀 (とうはん) の連続

　江戸時代から湧いていたと伝わる源泉が、昭和の半ばに湯浴みができるように整備されたと耳にはしていた。しかしアクセス困難な難関ということもあり、長年挑戦の機会をうかがっていた。はじめは雪渓から流れる沢に沿って、荒れ果てた林道跡を登ってゆく。数百m進むと、突然道を失ったかと思いきや、ヤブの先に細い登山道を発見。多くの砂防ダムを越えるために、谷の急斜面のヤブだらけの山肌をロープを伝って登る。

　ここは、もともとロープも道もなく、崖をよじ登り、沢を遡り、ヤブコギを強いられる難所であった。ロープでの登攀を数回繰り返し、沢に戻ると、対岸の中腹に洞窟が見える。思わず「あったー!」と叫んでしまう。洞窟の入り口には堰が作られていたが、湯が漏れ出ていて、中には溜まっていない。堰を補強して湯の流出を押さえ、洞窟全体に溜まるのを待った。

1 谷を挟んだ対岸崖の中腹に温泉が流れ出る洞窟がある **2** 急斜面の崖をロープでよじ登っては下ることを数回繰り返す **3** 雪渓から流れる沢を、いくつもの砂防ダムを越え登ってゆく

4 洞窟の前からは沢の向こうに北アルプスの山々が遠望できる **5** 最奥部の不気味な暗闇から源泉が湧出していた

最奥部は意識が朦朧とする非現実的な世界

　洞窟は入り口から10mも進むと、真っ暗で何も見えない。カメラの赤外線光で周りを確認しながら進むが、徐々に狭くなって、頭や足を岩壁に何度もぶつけた。低温蒸気サウナのように、温泉ガスが充満する息苦しい暗闇の中で意識が朦朧としはじめ、非現実的な世界にいるような感覚になる。天井はさらに低くなり、這うように奥に進んでゆくが、足もとは不安定だ。周囲は完全な暗闇で恐怖すら覚える。上下左右の壁を手探りで進むこと約25m。やっと最奥部にたどり着いた。奥の壁から鉄分を含んだ温泉が湧出し、赤茶色の湯の花が薄く底に積もっている様子がうかがえる。

　長居は危険と感じ、入り口に戻って入湯。湯船の外に広がる山々を眺め、この世に戻ったことを実感する。ここは地元自治体が観光資源開発として整備を行い、2020年夏からは入湯体験ツアーが行われている。

洞窟最奥部から湧き出す湯は適温。25m先の湯船ではぬるくなる

秋田県S市｜たつ子の湯

DATA
訪問……2016年春／2017年春／2020年冬
アクセス難易度……★★★
歩行時間(往路)……約2時間(積雪期)
湧出量……適量
湯温……適温
湯船工事難易度……工事不要
※上記はすべて筆者訪問時のものです。
　現況と異なっている場合があります

硫黄の臭いに惑わされて迷ってしまう

　ここは人気の登山ルート沿いにあり、登山者の視線が気になる場所。人の来ない積雪期がおすすめだ。私はこれまで積雪期に三回チャレンジした。スノーシューツアーに慣れていたこともあり、簡単に行けるだろうと高をくくっていた。歩きはじめて間もなく踏み跡がなくなり、ルートファインディングに手こずる。大きな砂防ダムを目指すが谷底に出てしまい、ダム横の急斜面を四つん這いで登る。その先も似通った景色で、ルートファインディングは難しい。谷を渡った跡があったが雪が深く、動物の足跡かどうかの判断がつかない。谷を越え先へ進むと、硫黄の臭いが漂ってきた。引き寄せられるようにその谷を登ってゆく。ところどころで小さな噴気が出ており、この先に野湯があることを確信した。しかし、さらに倍以上進んでも野湯は見つからず、GPSで再度確認すると、別の谷の奥深くまで入り込んでいた。日没になり退散した。

1 起点となるN温泉郷のK温泉。冬季は閉鎖される　**2** 最初に立ちはだかる難関、大きな砂防ダムを越えてゆく　**3** 登山道が完全に隠れるため、ルートファインディングが難しい

4 谷に下りるポイントはわかりにくく、斜面も急でリスクが高い　**5** 入湯すると湯船の底から硫黄分を含んだ湯泥が舞い上がる。芸術的瞬間だ

1章　山を攻める

リベンジに挑むも再びルートを見失う

　二度目のチャレンジは積雪量が少なく、ルートファインディングもしやすかった。さらに、雪上にはしっかりしたトレースがあり、それをたどって登ってゆく。野湯のある谷にはなかなか出会わないが、この季節にほかのところに向かうトレースなどあり得ないと思い込み、山の中腹まで登ってしまった。間違いに気づいて引き返す。下山途中で、谷の向こうにきれいな湯船を発見。しかし、氷雪の深い谷を越えるルートが見つ

からない。崖を下りられる場所を探すが、雪崩のリスクもあり、苦戦する。やっとの思いで谷に下り、さらに沢を遡ってたどり着いた。

　少し青みを帯びた無色透明の湯は、入湯すると撹拌されて、底に堆積している湯泥が舞い上がり、乳白色に白濁していく。苦労が報われる極上の湯に思わず奇声を上げてしまった。三度目はさすがに迷わず、雪の中でも容易に行くことができた。

たどり着いた「たつ子の湯」。雪景色の中ではドラゴンアイのように美しい

ガスと噴気に包まれた超高温の源泉

鹿児島県K市 | # 鉾投温泉

DATA
訪問……2021年夏
アクセス難易度……★★★
歩行時間(往路)……約40分
湧出量……少量
湯温……高温
湯船工事難易度……★★★
※上記はすべて筆者訪問時のものです。
　現況と異なっている場合があります

距離は短いが急登のヤブコギが必須

　戦国時代の1572年、木崎原の合戦の際に利用されたと伝えられている野湯。林道に架かる橋の欄干に「鉾投川」の文字を確認する。橋の横から沢沿いに登るが、道はない。いきなりヤブコギを強いられ、目の前の砂防ダムを越えるのに苦労するが、沢から離れると迷いやすいため、沢沿いを進む。しかし急登で崖に遮られ、迂回を余儀なくされる。高さ数十mの杉の森の中は常に薄暗く、ルートファインディングが難しいが、沢を意識してできるだけ直登する。

　20分ほど急斜面との格闘を続けると、少し傾斜が緩くなり、ところどころの木の枝に赤テープを発見。ただし、林業用や山菜採りの目印の場合もあり、安心はできない。沢から少し左手に離れて数分登ると、北西の空が開けた場所に出る。左手上にガレ場があり、上部から噴気が上がっている。噴気を見つけて喜ぶのは野湯マニアくらいだろう。

ヤブコギしながら30分ほど登ると、ガレ場の上に噴気が見えた

■ この沢筋に沿った急斜面をヤブコギ
しながら遡ってゆく ■ ガレ場の上部
から元気に硫化水素が噴き出している
■ 岩場の下ではガスが渦巻いており、落
ちると火傷しそうだ

沢の周辺からも熱湯を集め温度を調節

　ガレ場の上部では、ゴーゴーと音を立てながら噴気が上がり、急斜面
の岩場の隙間からはガスが出ていて、辺り一帯は強い硫化水素臭が立
ち込めていた。ガレ場の下部には湯溜まりがあり、思わず手を入れた
が、とんでもなく熱い。周辺の地中からもボコボコと音を立てて熱湯が噴
き出ている。横に沢があるが、斜面が急すぎて湯船を作るのは困難だ。

　少し下流に、先人が工事したと思われる湯船跡を発見。ラッキーだが、
1時間ほど前に降った通り雨の影響で増水しているため、かなりぬる
い。沢水が少なければ適温の湯船だろう。湧出量は多くないが、沢の周
りからも湯が染み出ており、流路を作ってその湯船に流し込む。さらに、
沢水の侵入を堰き止めて湯温を上げて入湯。すると、底からも熱い温
泉が自噴しており、臀部がアチッとなる。周囲の熱い石にも裸足で乗っ
てしまい、期せずしてタコ踊りをするハメになった。

湯船は雨上がりでぬるめだったので、周囲で湧出する熱湯を加え適温にした

栃木県N市 ｜ 御宝前の湯

DATA
訪問……2018年夏／2019年秋
アクセス難易度……★★★★
歩行時間（往路）……約2時間
湧出量……適量
湯温……低温
湯船工事難易度……★★
※上記はすべて筆者訪問時のものです。
　現況と異なっている場合があります

御神体には容易には近づけず

　昭和初期まで信仰登山の御神体とされていた御宝前（ごほうぜん）の湯。麓の温泉地や別荘地に温泉水を引くための工事を行ったため、湯量も湯温も下がってしまった。しかし、夏の間なら充分に入湯を楽しめる。

　アクセスは2ルートあるが、どちらもヤブコギと沢歩きが必要になる。2018年夏に、C岳西側の姥ヶ平から登山道を外れ、涸沢をヤブコギしながら下るルートでチャレンジしたが、巨岩が次々と立ちはだかった。下れない場所は深いヤブを掻き分けて迂回して進むが、滑り落ちて、あちこちを擦り剝いた。それでも、周辺から温泉が染み出す沢には、野湯があることを確信させられた。滑りやすい沢をさらに下ると、断崖を落ちる滝の上部に出た。しかし、滝の形状が事前に得ていた情報とまるで違う。間違いに気づき、落胆し、心身ともにヘロヘロになった。沢を登り返すのも大変だ。日没となり、敗退するしかなかった。

1 別荘地に温泉水を引くための送湯
パイプに沿って登ってゆく **2** 御宝前
の湯の横には、かつての給湯施設の残
骸がある **3** 急坂やヤブコギ、沢登り
とバラエティーに富んだルートだ

御神体にふさわしいハート型の湯船だ

4 湧出口。湧き出す湯量は多くはなくぬるい。しかし美しい　5 見晴らしのよい丘の上にある湯船。神々と対話ができそうな気がする

ハート型の湯船で心身を清める

　翌年のリベンジは「業者のための給湯管保守道」を進むルートでゆく。この道は地図に出ておらず、沼原からC岳への登山道の途中でヤブの中に入り、ルートを探さねばならない。1時間ほど登ると、冷たくない流れの沢に出る。保守道から外れ、その沢を渡河で遡ってゆくが、滑って右足が深みにハマってしまった。なんとか抜け出し急な沢を登り続けると、谷が大きく広がり視界が開け、堆積した温泉成分で赤茶けたドーム状の巨大な岩盤が現れた。その斜面を、鉄分を含む温泉水が広がるように流れている。岩盤の最上部には湯船が鎮座していた。

　入湯して湯船から下を見ると、あふれ出た湯が赤茶けた山肌に、抽象画を描くように滑ってゆく。前方には那須の山々を望むことができ、赤い大地と緑の森、青い空のコントラストが美しい。御宝前の湯の御神体パワーを感じつつ、ハート型の湯船で心身を清めた。

岩手県H市 ｜ A温泉木組みの湯

1章 山を攻める

DATA
訪問……2015年秋
アクセス難易度……★★
歩行時間(往路)……約1時間
湧出量……適量
湯温……適温
湯船工事難易度……工事不要
※上記はすべて筆者訪問時のものです。
　現況と異なっている場合があります

野湯では貴重な木組みの湯船つき

　起点には立派な案内看板や道標もあるが、登山道は崩壊が進んでいる。歩きはじめると、いきなり砂防ダム直下を渡河せねばならない。さらに、その先では崖崩れ跡のような斜面を渡るスリリングなトラバースが待っている。正規ルートはA川を高巻いて、急勾配を登り、また川に下る。私は急登を避け、A川を石飛びしながら遡る非公式ルートを選んだが、案の定、足を滑らせてずぶ濡れになった。

　ここは、かつて鉱山労働者用宿舎の温泉だった。今は宿舎の面影はないが、明るい森に覆われて森林浴をしながら湯浴みが楽しめる。石組の隙間から出ている源泉をパイプで引いているが、木で組まれたきれいな湯船の底からも、泡とともに湧出している。底には平たい石が置かれており、野湯にありがちな不快な腐敗物が舞い上がりにくい。野湯とは思えない美しい湯船だった。

1 看板はきれいに整備されているが、登山道は荒れている　**2** ルートは危険な崖のトラバースや渡河を強いられる　**3** 透き通ったライムグリーンは硫酸泉ならではの色だ

宮城県Z町｜K温泉

DATA
訪問……2014年夏
アクセス難易度……★★★
歩行時間(往路)……約2時間
湧出量……適量
湯温……場所により異なる
湯船工事難易度……★★
※上記はすべて筆者訪問時のものです。
　現況と異なっている場合があります

野湯で一番ともいえる素晴らしい景色

　アクセスは下りから始まる。下り切った谷底では、豪快に水飛沫を上げる不帰の滝に出会える。N川源流を渡河するが、増水していると容易には渡れない。ストックで三点確保をしながら、慎重に渡る。しばらく進むと、1980年の大規模な雪崩で崩壊した「K温泉白雲山荘」の跡地に出る。その先に道は無いが、西側の山肌に噴煙が見える。そこを目指して谷に沿って登ってゆくと、荒々しいガレ場に出る。噴気に注意しながら登ると、噴煙直下の野湯にたどり着く。

　2〜3カ所ある湯船跡は上流にいくほど熱かったため、カスタマイズして快適に。背後には、モウモウと噴気が上がっている。見上げると、今にも崩れてきそうな巨岩の壁が垂直にそびえ、切り立った崖を作り出している。開けた山腹に位置し、目の前にZ連山から伸びる尾根と谷の絶景が広がる。天国にいる気分を味わえる至福の野湯だ。

1 駐車場からZ連山への道の序盤は舗装路 **2** 噴気孔からは「ゴー！」とすごい音を立て蒸気が噴出。崖が今にも崩れそうで迫力満点 **3** いくつもの難関を乗り越えてたどり着き、湯船を作る。完成後には至福の時間が待っている **4** 噴気孔直下の湯船。風向き次第で噴気が襲ってくる。流れ込む熱湯と沢水で湯温を調整する

感動モノの白濁湯は全国の野湯でも随一

栃木県N市｜膳棚の湯

1章 山を攻める

DATA
訪問……2015年秋
アクセス難易度……★★★
歩行時間（往路）……約1時間
湧出量……少量
湯温……低温
湯船工事難易度……★
※上記はすべて筆者訪問時のものです。
　現況と異なっている場合があります

ガレ場の棚から絶景が広がる

　スキー場を起点に、古来から行者の修験道である登山道をゆく。鬱蒼とした樹林帯を50分ほど登り、小さな尾根を越えると、バッと視界が開け、足もとにガレ場が広がった。数十m先の崖下に白く染まった岩場が見え、そこに向かってガレ場の崩れた斜面を下る。気を抜くと、200m下の谷底めがけて転がりそうだ。このガレ場は階段状に傾斜した地形で、食器類の整理棚に似ていることから、膳棚と名づけられている。その膳棚の石垣が積まれて平らになった段に湯船はあった。

　湯船のすぐ横から自噴している硫黄泉と、崖の上部に差し込まれたパイプから湧いている無色透明の湯がブレンドされている。透き通った湯の底には白い沈殿物が厚く堆積している。工事跡のある湯船は浅いので、スコップで底を掘ると堆積物が攪拌され、一気に真っ白になる。こんなにもすごい白濁湯は他に類を見ない。

1 C岳への登山道の途中のガレ場の下に白くなったテラス（棚状の地形）が見える　**2** 湯は透明だが、湯船工事や入湯により真っ白に変色する　**3**「真っ白」な湯船は芸術的でもある

岩手県H市 ｜ T温泉源泉地帯

1章 山を攻める

DATA
訪問……2015年秋
アクセス難易度……★
歩行時間(往路)……約10分
湧出量……多量
湯温……場所により異なる
湯船工事難易度……工事不要
※上記はすべて筆者訪問時のものです。
　現況と異なっている場合があります

底から湧出する源泉は火傷に注意

　東北最高標高の温泉宿の数百m先から、木のない斜面を直線距離で数十m下ると、源泉地帯の野湯群に着く。ここには既存の湯船がふたつある。道路に近い湯船は適温だが、上を通るクルマからまる見えだ。少し下った沢の対岸にも、大きな既存の湯船がある。入湯してみると、堆積した鉱泥に足がもぐり込む。広い湯船は場所によって超高温だったりぬるかったりと、湯温はまちまちである。底のあちこちから源泉が湧出しており、油断していると、突然アチッとなる。

　上流に登ってゆくと、噴気がモウモウと上がる地獄地帯が近づいてくる。適温の湯溜まりがあったので、ここぞとばかりに入湯。バランスを崩して尻もちをついたら、底は超高温の泥だった。あまりの熱さにのたうち回るように手をついてしまう。結局、尻と手を同時に火傷する最悪な結果になってしまった。

1 湯自体は適温だったが底の泥は超高温　**2** 源泉地帯最上部の湯溜まりでは、熱湯がボコボコと噴き上げている　**3** あちこちに湯船があったが、湯温はマチマチ。湯船の中の温度ムラも大きい

林道沿いに炭酸ガスが噴き出す

秋田県K町 | # 奥々八九郎・奥八九郎温泉

DATA
訪問……2015年秋／2017年秋
アクセス難易度……★
歩行時間(往路)……すぐ(奥々八九郎)・約5分(奥八九郎)
湧出量……多量
湯温……高温(奥々八九郎)・低温(奥八九郎)
湯船工事難易度……工事不要
※上記はすべて筆者訪問時のものです。
　現況と異なっている場合があります

炭酸ガスによる天然ジャクジー

　クルマで林道を走行していると、突然風景が開け、赤茶色の地面から立つ湯気が見える。まさか車道の真横に天然ジャクジーの野湯があるとは。

　奥々八九郎温泉は赤茶色の広場状で一帯は炭酸カルシウムの沈殿物で覆われ、約1mの厚さ。二回目訪問時には、沈殿物の厚さが前回よりも数cm盛り上がっており、その成長の速さに驚く。源泉の湯船は熱くて、長時間の入湯は厳しい。そこから枝分かれして流れ込む複数の湯船はどれも適温かぬるめだ。問題は炭酸ガスに集まるアブの多さ。晩秋から早春の虫のいない時期がおすすめだ。

　奥八九郎温泉は林道の別の場所から5分ほど。渡河が必要で、水量が多いと近づけない。川を渡った先、森の中に炭酸ガスが湧き出すジャクジーのような野湯を見つける。湯温は低いので長湯してしまい、気がつくと、アブにボコボコに刺されていた。

1 沈殿物が固まった広場にいくつもの湯船があり、それぞれ湯温が異なる　**2** 奥八九郎温泉は、ぬるま湯の天然ジャクジーでマッサージ効果がある

脅威はあらゆるところに潜んでいる

野湯探索で出遭う
危機一髪の事態

有毒ガスによる中毒は
最も注意すべきリスク

　野湯探索にはさまざまなリスクがある。何よりも注意せねばならないのが、命の危険に直結する硫化水素などの有毒ガスによる中毒だ。

　実際、過去には何人もの死者が出ている。腐ったゆで卵のような硫黄臭は野湯マニアをワクワクさせる臭いだが、これが有毒な硫化水素ガスなのだ。無色の気体で空気より重く、低い場所にある野湯の湯船付近には溜まりやすい。

　低濃度では身体に大きな影響はないが、高濃度になると嗅覚を麻痺させる作用があり、臭いを感じなくなる。濃度が致死量に近づくにつれて気づかなくなるため、細心の注意が必要だ。特に霧が出ていると、硫化水素ガスが滞留しやすいので、長居は危険である。

　しかし、素晴らしい景色の中で気持ちよく浸かっていると、つい時間を忘れてしまいがちである。私自身、あまりの心地よさにまどろんでいて、意識までもがまどろんでしまったことがあった。仲間と一緒だったので大事にいたらなかったが、一人だったらそのまま昇天していたかもしれない。

地面には危険がいっぱい
一瞬の気の緩みで火傷に

　野湯周辺には"落とし穴"もある。地下から泥や熱湯が火山ガスとともに噴き出た「ボッケ」の地表が覆われた、いわゆる「ボッケ跡」だ。地中に空洞ができていて、熱湯や熱泥が溜まっている。

　地中の空洞は、地面からは認識できないため、ボッケ跡を踏み抜いて足を火傷してしまうことがある。卵の殻のように地面の表面だけが薄く固まっていて、地中は熱泥状態になっている場所もある。

　ボッケ跡には、過去幾度となくやられてきた。その中で最悪の被害は、靴の中に熱泥が入り、足首が広くただれてしまった全治半年の火傷。帰路のハードなヤブコギの間、激しい痛みに苛まれながら、なんとか必死に歩き続けた。

　野湯自体にも危険が潜んでいる。湯船の底が泥になっていると、部分的に高熱になることがあるのだ。

　熱泥の底に座ってしまえば、たちまちお尻を火傷。手や足も同時にやられてしまったりする。一番ひどかった尻の火傷の時は、座るだけで痛みが生じ、その後の仕事や生活にまで影響してしまった。

　さらに、熱湯の源泉の横で湯船工事や写真撮影に熱中していて、不安定な足もとにバランスを崩し、よろけて熱湯に手や足を突っ込んでしまったこともある。

　このように、過去十数年で、私はいろんな火傷を経験してきた。特に足にはただれた跡がいくつも残ってしまっている。「火傷は野湯マニアの勲章」という人もいるが——。

沢を攻める

野湯は沢の周辺に多く、沢を流れているのが温かい湯であることも珍しくない。地熱で温められた帯水層は渓谷で地表に出やすく、複数箇所で湧出しているところもある。沢水と合わせて湯船も作りやすいため、湯船跡もよく見かける。ただ、豪雨などで地形が変化したり、湧出量や湯温が変化したりしやすい。

宮城県〇市 | E川源流（赤湯・黒玉の湯・クレーターの湯・白湯）

DATA
訪問……2019年春／2021年冬
アクセス難易度……★★★
歩行時間（往路）……約1.5時間
湧出量……多量
湯温……適温
湯船工事難易度……★
※上記はすべて筆者訪問時のものです。
　現況と異なっている場合があります

透き通ったオレンジ色の湯は黄水晶のよう

　最近になって、まったく趣の異なる個性豊かな野湯がいくつも湧いている野湯群が発見された。しかし、情報は極めて少なく、マニアには垂涎の的である。県道から遠くない場所に併行する沢に温泉が点在するが、場所はわかりにくく、道のない沢沿いを探索する必要がある。

　まずは、一番下にある通称「赤湯」から攻める。沢に架かる橋のたもとから川を遡る。流れそのものが温泉成分で赤味を帯び、鮮やかに彩られている。10分もかからずに、あっけなく左岸に湯船を発見。オレンジ色に透き通った黄水晶のような湯船に、思わず「美しい」と言葉が漏れる。一人で入るのにちょうどいい大きさだ。先人の工事のおかげで、そこそこ深く掘られている。へそ上まで浸かれてゴキゲン。底からボコボコ湧いてくる適温の湯も新鮮そのものだ。入湯すると濁って強まる赤さは、野湯の中でも随一の濃さだった。

冬期通行止めの林道歩きはワクワクする。その先で沢を目指してヤブを下りる

1 はじめは透き通っている湯。豊富な鉄分を含んでいることが臭いでもわかる　**2** この渓流は日本で一番赤い流れかもしれない

2010年代半ばに発見された野湯群

　赤湯から県道付近に戻り、併行する沢を数百m遡ってゆく。左に大きく曲がると、突如として蒸気が現れた。ボコボコという心躍る音も聞こえてきた。開けた沢の段丘の上から熱湯が噴き出し、真っ黒いタール状の湯がドバドバと沢に落ちている。沢水と合わせて湯船を作るが、多量の熱湯なので湯温調整が難しい。周囲にはコールタールのような油臭が漂い、興奮度が上がる。東日本大震災での地殻変動で湧き出したと思われるこの湯は、2010年代半ばに発見され「黒玉の湯」と非公式に命名されている。

　さらに、20〜30分ほど沢を登るが、ぬるい沢を歩くのは実に心地よく、上流に向けて一歩一歩ワクワク感が高まっていく。二股に分かれた右側の沢に入ると、ブクブクと泡が出ている不気味な沼に着いた。ここも震災後に湧き出したようで「クレーターの湯」と名づけられている。

3 蒸気とともに大量に流れ出る熱湯は、沢水と合わせる際の湯温調整が難しい　**4** 勢いよく熱湯を噴出する源泉。周りの熱気がすごい

5 クレーターの湯は、約2.5mの深さから熱めの湯が湧き出している　**6** 発見されて以来、湯温も泉質も変化し続けている

変化している不気味な底なし沼

　2010年代の発見当初、クレーターの湯は美しい鶯色をしていたという。しかし、湯が熱すぎて、2019年は入湯が不可能だった。2021年には鉛色がかった灰緑色になり、なぜか湯温も下がって適温になった。喜んでいそいそと入湯すると、底の泥にズブズブと足をとられバランスを崩した。慌てて足を踏み出すと、突然、底がなくなった。そのまま底なしの深みにハマり、頭まで沈み込んで、泥沼に溺れてしまった。野湯で溺れたのは初めてだったが、貴重な体験を喜び、その後は快適な湯浴みを楽しんだ。

　二股の沢の左側を遡ると、沢水の温度はさらに高くなり、少し上流ではモウモウと噴気が出ていて、周辺の地面はところどころが熱くなっている。川底からプクプクと気泡が出ている場所に堰を作ると、たちまち適温の湯船だ。底を掘ると、熱湯の湧出が増えて熱くなりすぎる。雪を投げ込んで湯温調整をし、快適な寝湯を楽しんだ。

白湯では川底から湧き出す熱湯と、地熱でぬるい沢水を合わせて湯温を整える

宮城県〇市 | 荒湯地獄三湯

DATA
訪問……2016年冬／2018年冬／2019年冬
アクセス難易度……★
歩行時間(往路)……約40分
湧出量……適量
湯温……適温
湯船工事難易度……★
※上記はすべて筆者訪問時のものです。
　現況と異なっている場合があります

神々しさを感じる地獄地帯の風景

　ここはアクセスが容易なうえ、多くの先人が作った湯船があちこちにあり、豪快な地獄の景色も楽しめる。野湯巡りを始めたビギナーには登竜門的存在で、訪れる人も多い。しかし、積雪期の訪問者はほとんどなく、自分たちだけで独り占め。野湯本来の喜びを満喫できる。

　林道でスノーシューを装着して、雪深い林の中に入ってゆく。"地獄"に近づくにつれ、硫化水素ガスの影響で辺りの木々はなくなっていき、ルートファインディングには苦労しない。雪をラッセルしながら、小さな丘を登り切ると、そこにはダイナミックな光景が待っていた。グリーンシーズンにはこの景色を見にくる観光客も多い。積雪期の地獄地帯は、白い大地の雪の中にぽっかりと大きな穴を開けて広がっている。岩や石が散乱する荒涼とした世界のあちこちから噴気が立ち上っており、神々しい風景に畏敬の念を感じざるを得ない。

1 林道からスノーシューで十数分も歩けば、ダイナミックな地獄の景色が広がる　**2** 地獄地帯から東に10分ほど歩くと、野湯のあるV字谷の沢が現れる　**3** 地獄から湧き出す幾条もの湯の流れが集まり、ターコイズグリーンの透明な小川になる

V字谷の下流では、適温の湯船跡をあちこちで見つけられる

天国が一転して命に関わる地獄にもなる

　地獄は有毒ガスが発生するため立ち入り禁止だが、白い大地に幾条もの小さな流れが集まり、ひとつの細い湯の川となって東へと流れている。尾根に沿って10分ほど歩くと、湯の川がV字谷の沢になっていて、湯気が上がっている。谷への道は崖になっており、しっかり雪に足を蹴り込んで滑落しないように下りて、さっそく沢の湯温を確かめる。上流は熱く、下流ほど温度が下がる。さらに下ると、湯船跡があちこちに見つかった。

沢の湯は無色透明だが、それが溜まった湯船はきれいな翡翠(ひすい)色をしている。そんな湯に浸かるのは地獄ではなく、極楽気分である。ただし、地獄からの有毒ガスの流れ道にもなるので、あまり長居するべきではない。実際、私はあまりの心地よさに数時間滞在してしまい、頭痛や喉の痛み、気だるさに苛まれてしまった。また、降水量が少ない状況が続くと、沢の流量が減って湯温も下がり、冬の入湯は厳しくなるので注意が必要だ。

⑦「下の湯」や「裏の湯」の周辺には、ちょっとした湯溜まりがあちこちにある ⑧いろんなところから温泉が湧き出ていてワクワクさせてくれる ⑨裏の湯は合流した沢を遡ったところにあり、湯船が作られている

「下の湯」と「裏の湯」は豊富で安定した湯量

　冬季でも安心して入湯できる湯船もある。さらに数十mほど下ると、別の沢が南側から合流し、そこには湯量豊富な湯船があるのだ。帯水域の保水量に余裕があるのか、常に周辺のあちこちで温泉が湧き出している。それらは冬でも涸れず、探訪の際に裏切られることのない野湯だ。冬は人が来ないため、あまり整っておらず堆積物も多いので、工事が必要なこともある。

　また、合流した南側の沢の少し上流にも、冬でも涸れない湯船が存在する。スノーシューを外して、川底全体が硫黄分で黄色くなっている沢を遡ると、数分で「裏の湯」が見えてくる。石とブルーシートでしっかりと湯船が作られており、豊富な湯が注がれている快適な野湯だ。地獄地帯から尾根を挟んだ場所にあるため、有毒ガスのリスクも小さい。しかし、豪雨のたびに壊れるようなので、いつもあるとは限らない。

「裏の湯」は適温で豊富な湯に恵まれているが、豪雨で壊されてしまうこともある

新潟県M市 | S滝の湯①

※現在は立ち入り禁止

DATA
訪問……2013年夏／2014年秋／2015年春／2017年夏／2019年夏
アクセス難易度……★★★
歩行時間（往路）……約1時間
湧出量……多量
湯温……適温
湯船工事難易度……★
※上記はすべて筆者訪問時のものです。
　現況と異なっている場合があります

脆い岩場を慎重に下った先に……

　世界有数の豪雪地帯にある日本百名瀑のひとつ、S滝の下流にはいくつもの野湯があるが、残雪のため通常は6月まで立ち入りできない。4月にトライした時は雪の急斜面で滑落しそうになり、諦めて退散した。

　T温泉からの歩き出しの遊歩道は整備されているが、数百m先の吊り橋を渡ると急に荒れはじめ、ガレ場の九十九折れを登った先はたび重なる崩落により現在は立ち入り禁止となっている。崖の中腹をトラバースするルートには、温泉が染み出した白濁の流れがあり、温泉好きを喜ばせてくれる。夏まで残る雪渓からの冷風が気持ちいいが、途中から道がなくなったので、崖にへばりつくようにして三点確保を留意しながら進む。崖の岩場は脆く崩落しやすかった。河原直前の大きな岩と岩の間を下った断崖の先に、先人が工事したエメラルドグリーンの湯船をふたつ発見することができた。

1 T温泉を起点に、人工の露天風呂につながる整備された遊歩道を進む　**2** 最初の谷に架かる吊り橋の先は、厳しい崖のルートになる　**3** 豪雪地帯のため、夏まで残っている雪渓の横を遡ってゆく

百名瀑の飛沫を浴びながら入湯

上の湯船は崖の岩の間から湯が滝のように落ちていて、天然の打たせ湯を楽しませてくれる。下の湯船は崖下の半洞窟のような場所にあって、まるで隠れ家だ。白濁した豊富な湯量、心地よい適温、素晴らしい景色の三拍子が揃った湯船に浸かり、桃源郷に来たような気分になる。ここは雪解けの濁流で毎年流されており、有志がいつも工事している。

数百m上流にある名瀑につながる道はなく、崖をトラバースして滝の向かいの崖の直下を目指す。夏まで残った雪渓の雪解け水のせいで、沢の水は冷たく、渡河は足が切れるよう。落差80mのド迫力の滝の対面、切り立った崖のえぐれた場所に、岩盤から流れ落ちる湯で湯船を作る。底からも熱めの湧出があり、適温にしやすい。名瀑を眺め、轟音を聞き、飛沫を浴びながらの入湯は野性味満点だった。

滝の向かいの崖直下にあるワイルドな野湯は、水量が多い日は水没する

秋田県K市 | 硫黄取りの湯

2章 沢を攻める

DATA
訪問……2015年秋
アクセス難易度……★★
歩行時間(往路)……約1.5時間
湧出量……多量
湯温……適温
湯船工事難易度……工事不要
※上記はすべて筆者訪問時のものです。
　現況と異なっている場合があります

眼下に見える湯ノ沢に期待感も高まる

　野湯マニアで人気投票をすれば、間違いなくベスト3に入るであろう、景色も湯も素晴らしい野湯である。一番近いアクセスは、S地熱発電所のPR館から敷地内の道路を通るルート。職員に一声かけて、OKをいただく。断られるとG温泉からのアクセスになり、結構な大回りに。

　発電所の南端付近から送湯パイプをくぐって数十m進むと、G温泉からの登山道に合流する。かなりのショートカットになり、得した気分で足どりも軽い。ただし、雪深い山なので初夏までは残雪が多く、ルートを見失いやすい。夏から秋がおすすめである。奥羽山脈を遠望しながら、等高線に沿って道を進むと、右下に湯ノ沢の下流が現れる。近づくにつれ、渓流から上がる湯けむりが濃厚になり、さらに気持ちが盛り上がる。沢に下りて湯温を手で確認しながら、適温の箇所を求めて上流に遡ってゆく。

1 紅葉の季節のS地熱発電所内の送湯パイプ。秋がおすすめの季節だ **2** 1時間ほどで湯ノ沢の下流に出る。荒涼としたY山から湯が流れてくる

思わず長湯をしてしまう快適さ

　青白く透明な温泉が流れる沢の、良質な硫黄泉の香りが臭覚を刺激し、すぐにでも入湯したくなる。下流部はぬるめで上流ほど熱くなっており、水量が多い時期は上流が適温だ。小さな滝壺や淀みがあちこちにあり、適温の湯船はよりどりみどり。Y山のピークを眺める素晴らしい景色の中で、湯船を作らずともすぐに入湯できるのは、まさに極楽である。行ったり来たりしていろんな湯船に入り、こっちの滝壺で打たせ湯をす

るなど、子どものようにはしゃいでしまう。

　野湯では浮遊物や沈殿物との戦いはつきものだが、ここは透明度の高い青白い湯が勢いよく流れ続けており、岩と砂の川底にはほとんど滞留しない。クリアな高品質の湯はpH2.2と、かなり強い酸性の硫黄泉で刺激的だが、湯船の快適さに思わず長湯したくなってしまう。シングルバーナーで鍋ラーメンを作り、ランチしながら何度も湯浴みを繰り返した。

3 薄青く白濁した流れは輝くような美しさ　**4** 澄み切った硫黄泉がとうとうと流れ続け、不純物を溜めることがない　**5** 小さな滝壺は適度な深さがあり、野湯とは思えない快適な天然の湯船になっている

鹿児島県K市｜通し川の湯

2章　沢を攻める

DATA
訪問……2021年夏
アクセス難易度……★★★★★
歩行時間（往路）……約2時間
湧出量……多量
湯温……適温
湯船工事難易度……工事不要
※上記はすべて筆者訪問時のものです。
　現況と異なっている場合があります

ルートが見つからず森の中をさまよい続ける

　場所もアクセスも情報がほとんどない幻の野湯である。知人から簡単なアクセスの情報をもらい、ルートを探すが、起点すら見つからない。多分ここだと思われる場所から山に入るが、目的地方向から遠ざかり、これは違うと引き返した。地図を頼りに別の林道に入り込む。行き止まりから目的地方向に地図上の破線の道を進むが、行く手は荒れ果てていて、どこが道だかわからない。ヤブコギをしていたら、突然、舗装路に出てしまった。明らかに間違いなので、再びヤブに戻ることに。

　さらに、森の中で踏み跡を見つけてもその先で見失い、引き返すことを繰り返した。目印にするガムテープを忘れたことが悔やまれる。硫化水素臭が漂ってきたので、その方向を探索する。しかし、四方八方から臭いがやってきてさらに混乱。硫化水素の影響で下草がほとんど生えていない比較的見通しのよい森の中を、何かに取りつかれたようにさまよい続けた。

1 この二股道は右の林道が正解だったが、左の林道に入って迷ってしまった　**2** 林道から外れると、いきなり道なき道に。さらにその先にはヤブコギが待っていた

3 散々迷った森の中に一筋の光明を見つけ歓喜を上げた　**4** ハードな道のりを忘れさせてくれた夢のような湯の川

天の川のような美しい流れに浸かる

　必ず幻の野湯に行くという強い信念を持ち、野生の勘を働かせ探し回る。やっと森の奥にキラキラ光る流れを発見した時には、思わずその場に座り込み、感激のあまり涙が出そうになった。

　コバルトブルーの緩やかな流れは、アーティスティックに蛇行しており、夜空を彩る天の川のように思えた。しかし、この流れは「下の池」と「上の池」と呼ばれるふたつの地獄地帯をつなぐ川である。森の中の

緑のトンネルからとめどなく流れ出る湯は、立ち上る湯気を木漏れ日に輝かせて、幻想的な雰囲気を醸し出していた。

　あまりに美しい野湯に夢心地になりながら、引き込まれるように入湯する。適温ながらも、底の泥からは熱めの湯が湧出。時折、冷たい流れも感じるが、それがとても快適である。ハードだったアクセスの疲れを癒しても余りある安らぎを感じ、感無量の湯浴みとなった。

コバルトブルーに輝くミルキーウェイに入湯し、すべてが癒される

栃木県N市 | 広河原の湯

※現在は立ち入り禁止

2章 沢を攻める

DATA

訪問……2006年夏／2008年秋／2012年春／2013年夏／2017年夏

アクセス難易度……★★★★

歩行時間（往路）……約2時間

湧出量……適量

湯温……高温

湯船工事難易度……★★

※上記はすべて筆者訪問時のものです。
　現況と異なっている場合があります

合計8回の渡河と数回の崖越えが必要

　H温泉手前の駐車場からしばらく登ると、湯沢の川筋に出た。いきなり巨大な倒木に進路を塞がれた。何とか迂回して進むと、今度は道が崖崩れでなくなっている。崩落地点を上に大きく回って回避するが、ヤブコギになり、足もとは脆い砂地で滑りやすい。さらなる崩落に注意しながら慎重に登り下りして道に戻る。しかし、その先もまた崖崩れで道が塞がれている。何とか突破して進むが、崩落箇所は台風や地震などで年々増えており、アクセスも厳しくなりつつあるようだ。

　次は急流の渡河だ。水量が多く水流も強めな湯沢に橋はない。20世紀には簡単な橋があったが、増水のたびに流されてしまい、近年では橋の残骸も見当たらない。渡れそうな場所を探し、仲間とガッチリ肩を組んで、2体4本足で安定を保ちながら渡る。渡河は最後の1kmの間に8回もある。終盤はウォーターシューズのままで歩いていった。

1 H温泉手前からスタート。最初はきれいな吊り橋を渡るが、先には難所が待っている **2** 大木が倒れてルートを塞いでいる。乗り越えるのに一苦労だ **3** 川の流れは速く水量も多いので慎重に渡河してもよろけてしまう

湯船が作れる場所は度々変わる

4回目の渡河は開けた広い河原。その先の左岸には湯が湧き出しているのが見えて、川を渡る足どりが軽くなる。盛り上がって岩のようになった抽出物の塊の下から、熱い湯がこんこんと流れ出ている珍しい源泉だ。そのままでは熱すぎるため、湯の流路を作って温度を下げ、適温になる場所に湯船を作った。

湯船が作れる場所は豪雨で流れが変わるごとに、上流へも下流へもさまようように移動する。流れが源泉直下になった時は、有志がパイプを設置して川の上を渡し、右岸に湯を運んで湯船が作られていた。

近年、流れがもとに戻り、また左岸が湯船を作る場所になった。しかし、かつての河原からは1m程度掘り下げられている。源泉の位置が相対的に高くなっていることに気づいた時、自然の力は偉大だと思い知らされた。

4 倒木を利用した丸木橋もあるが、豪雨がくれば流されてしまう　**5** 広い河原にはいくつかの湯船跡がある。訪問時に適温の湯船跡を工事して入湯　**6** かぼちゃのように育った温泉の析出物の塊。そこから湧き出す湯を見ているだけで癒される

湯温調整のため、湯の通路を作る。砂遊びのようで楽しい

栃木県N市 | カッタテ四湯

2章　沢を攻める

DATA
訪問……2020年秋／2021年冬／2021年春
アクセス難易度……★★
歩行時間（往路）……約40分
湧出量……少量
湯温……高温
湯船工事難易度……★
※上記はすべて筆者訪問時のものです。
　現況と異なっている場合があります

断崖の下の滝壺で湯船工事

　2013年の地震災害で廃業したM温泉の駐車場を起点に、遊歩道を進む。尾根を越え、吊り橋を渡った左岸の道を注意深く見ていると、白骨化した鹿の死骸が目に入る。特に雪解け後には、冬季に餓死したと思われる、獣毛が残った状態の新しい死骸が散見され、自然の厳しさを実感する。少し開けた木々のまばらな林の奥からかすかな硫黄臭が漂うのを感じ、遊歩道を離れその方向の川に向かって進んでゆく。かつてはこの付近に昔の湯小屋跡があったのだが、最近ではその残骸さえも見当たらなくなった。

　川の断崖の上に出るとカッタテの滝が見え、その北側の崖に湯が流れ落ちている。滝壺に入湯するため、高さ6〜7mの断崖を木の枝や岩にしがみつきながら、ヒヤヒヤと川に向かって下りてゆく。滝は熱湯だが少量のため、川水が入らないように堰を作り滝壺に湯を溜めた。

■ 起点はM温泉跡の駐車場。きれいなトイレも水道もある　② カッタテの滝の隣にある崖に熱湯が落ちている。石を積んで滝壺を湯船にする　③ 滝の左岸の崖上の湯船は熱すぎて入れないが、冬には雪を入れることで滝見入浴が可能に　④ 森の湯は川の右岸にあり、ここを渡河して対岸の奥を探索する

5 遊歩道直下の河原に私が掘った湯船 6 カッタテの滝から数十m上流に森の湯がたたずんでいる

2章
沢を攻める

森の中にも河原にも野湯を発見

　カッタテの滝上部の岩盤の割れ目から熱湯が湧き出している。その流れがふたつに分かれ、一方は湯滝となって落ち、もうひとつは横の崖上で湯溜まりになっている。湯温は非常に熱いが冬季は底を掘って雪を投げ込んで適温にすることで、雪景色の滝を見ながらの湯浴みが楽しめる。

　滝よりさらに上流を渡河し、右岸の森を探索すると、岩陰に適温の天然湯船が見つかる。木々に囲まれながら森林浴と入浴が同時に楽しめ、森と湯船のコントラストの美しさに心も癒される野湯だ。秋は紅葉が見事で、冬は雪景色が美しく、春夏秋冬いつでも快適。

　滝から数百m上流の左岸に、ふたつ連なったひょうたん型の湯船がある。かつては河岸のコンクリートブロックの隙間から熱湯が湧出するだけだったが、何度も通って掘り続け、快適な湯船を作った。工事中に遊歩道からハイカーが下りてきて、私が作った湯船に入湯してくれた。

森の湯は、湯面が鏡のようになり、樹木と木漏れ日を映し出していた

雪渓が豊富な霊峰の山中にひっそり湧く

石川県H市 | 岩間噴泉塔跡の野湯群

080

2章 沢を攻める

DATA
訪問……2010年秋／2011年夏
アクセス難易度……★★★
歩行時間（往路）……約2時間
湧出量……多量
湯温……高温
湯船工事難易度……★★★
※上記はすべて筆者訪問時のものです。
　現況と異なっている場合があります

崩落多発地帯の崖崩れを越えて進む

　日本三霊山のひとつ、H山の北側にある林道を南下すると、崖崩れに出くわした。マウンテンバイクで訪れていたので、担いで乗り越える。その先の避難小屋に駐輪して、高低差200mの峡谷を下りる。あちこちに崩壊跡がある九十九折れの道を一気に急降下した。

　下りきった断崖絶壁直下、かつての墳泉塔跡から豊富な熱湯が湧出し、川に流れ込んでいた。その付近に湯船を作ってもよかったが、少し上流の左岸の沢からは適温の湯が滝のように流れ落ちていたので、そちらで工事をする。結果、さほど労力をかけずに快適な湯船を作れた。

　大峡谷の谷底で湯浴みを楽しんでいると、突然「ゴゴゴギーン」と大きな雷鳴のような音がした。顔を上げると目の前の渓流に大きな雪や氷の塊が大量に流れてくるではないか。すぐ裏の雪渓が崩壊したようだ。流れる氷を捕まえて食べながらの湯浴みは貴重な体験だった。

1 沢上で湧出する湯が適温になって流れ落ちてくる　**2** かつては熱湯が数mも噴き出していたという墳泉塔跡。今も豊富な熱湯を湧出している　**3** 雪渓から雪と氷の塊が流れ出た先の河原で入湯する

鹿児島県K市｜川の湯

2章 沢を攻める

DATA
訪問……2021年夏
アクセス難易度……★
歩行時間(往路)……すぐ
湧出量……多量
湯温……適温
湯船工事難易度……工事不要
※上記はすべて筆者訪問時のものです。
　現況と異なっている場合があります

豊富な温泉の力を思い知る野湯

　Eスカイラインの M 探索路入り口駐車場から数分で、天然極上の野湯にいける。K 温泉街から浴衣姿で散歩がてら訪れる観光客もいる。探索路沿いに斜面を数十 m ほど登ると橋が架かっており、下の川には温泉が流れている。かなりの流量であちこちが天然の湯船になっている。橋の付近は比較的ぬるめで、夏には適温だが、探索路からまる見え。

　少し上流に遡ると、人目は少なくなり、湯温も温かくなってゆく。春秋にはその辺りがベストポイント。冬はもっと上流に行くことで適温の湯に浸かれる。

　さらに、200m ほど上流の硫黄谷に行くと、大量に噴出する熱湯を間近に見られる。そこを源泉に、川として百数十 m 流れてようやく適温に下がってくるのだ。噴き出したばかりの白く濁った流れの底には、良質なきめ細かい泥が溜まっていて、パック効果で肌がツルツルになった。

1 Eスカイライン沿いの硫黄谷が源泉。ここは音も臭いも蒸気もすごい　**2** 硫黄谷源泉部の泥の中から噴き出す湯が流れ、百数十mほど下流で適温になる　**3** 橋の上流100mほどの区間で、夏は下流、冬は上流に適温の湯船が見つかる

鹿児島県K市 | 竹林の湯

DATA
訪問……2021年夏
アクセス難易度……★
歩行時間(往路)……すぐ
湧出量……適量
湯温……適温
湯船工事難易度……工事不要
※上記は全て筆者訪問時のものです。
　現況と異なっている場合があります

赤と緑のコントラストに魅了される

　S温泉の手前の国道にある冠木門(かぶきもん)が入り口。川に下る道は竹林の中にあり、数分進むと、若竹の向こうに赤茶けた世界が見えてきた。近づくと、ボコボコと湯が噴き出している。平らな地面から湧出している源泉の湯は、自らの析出物で長い年月をかけて形成した赤い斜面を経て、川に面する棚田のような二段の湯船に流れ込んでいた。その光景はまるでトルコの世界遺産・パムッカレのようだ、と形容したら言いすぎだろうか。

　上の湯船の湯温はやや熱め、下は適温となっている。入湯すると析出物が舞い上がって赤く濁り、湯船をオレンジ色に染め上げる。源泉方向を見上げると、赤茶けた析出物がこんもりとし、その周りを青竹が囲んでいて、群青色の空が開けている。すぐ下の清流は思わず飛び込みたくなる透明度。自然が織りなす色合いに感動する温泉だ。

■ 炭酸カルシウムを含む温泉の成分が蓄積してできた、石灰棚の湯船　■ 十数m上で熱い湯が湧き出し、ちょうどよい湯加減で湯船に注ぎ込む

秋田県S市 | S川の湯

DATA
訪問……2016年冬
アクセス難易度……★★
歩行時間（往路）……約20分
湧出量……少量
湯温……高温
湯船工事難易度……★★
※上記はすべて筆者訪問時のものです。
　現況と異なっている場合があります

道中は短いが危険だらけ

　N温泉郷のK湯からN山への登山道を歩き出すとすぐに、谷を挟んだ対岸の崖に源泉地帯が見えてくる。その崖の下に湧いている野湯を目指すのだが、容易ではない。まずは谷底に向かうが、積雪期には雪の下に地熱による空洞がたくさん発生する。うっかりその上を歩いて穴にハマり、バランスを崩してしまうと、崖下に転落する可能性がある。勾配がなだらかな斜面にトラバースして、やっと谷底へ下りることができた。

　しかし、川の水量が想定以上に多い。裸足で渡りたいが、雪の中ではすぐに凍傷になりそうなので山靴のまま渡れそうな岩の上をピョンピョンといったところ、滑って転倒し全身ずぶ濡れに。立ち上がると、眼鏡をしていない。慌てて下流を探すと、落ちた眼鏡が流されてゆく。川の中をバシャバシャ走って何とか確保したが、さすがに凍えてしまいそうになる。必死で湯船を探し、雪を投げ込んで適温にして入湯した。

1 N温泉郷の源泉地帯、噴気が出ている崖下の谷底に野湯がある　**2** 崖のあちこちから湯が流れ出しており、湯船作りの場所に迷ってしまう　**3** 谷底の河原には湯船ができそうな湯溜まりがあった。雪で適温に調整して入湯

渓谷美と森林浴を満喫できる

甘湯新湯・甘湯源泉

栃木県N市

2章 沢を攻める

DATA
訪問……2014年秋／2020年秋／2021年春
アクセス難易度……★★
歩行時間（往路）……約1時間
湧出量……少量
湯温……高温
湯船工事難易度……★★
※上記はすべて筆者訪問時のものです。
　現況と異なっている場合があります

渓谷美の新湯と森林浴の源泉をハシゴ

　有名な新湯へのルートを求め、林道のゲートから40分ほど登り、谷への下り口を探す。明確な目印はない。踏み跡が何カ所もあるが、どれが正しいかわからない。直観的にここだと思える踏み跡から急斜面を下る。谷に下りてゆく途中、反対側の斜面に蒸気を発見し、無事にたどり着けた。

　湧き出す熱湯は岩盤の上を枝分かれして流れ、湯船跡に流れ込んでいた。鉄分が含まれた温泉は少し黄色っぽい。もうひとつの流れは渓流の巨石に囲まれた天然の湯船に流れ込んでいる。沢から流入する水量を調節して適温にすると、きれいな湯船が出来上がった。

　源泉は舗装された道路沿いの沢にあり、10分も遡れば、適温の入湯可能場所が複数ある。上流では、給湯パイプから熱い湯がドバドバ流出していた。周囲の沢も温泉で温度が上がっており、合流しながら適温となって流れているので、気に入った場所で湯浴みができる。

1 甘湯源泉は湯の沢として流れており、滝壺は湯船に最適。打たせ湯も楽しめる　**2** 甘湯新湯の自然石の岩風呂。湯船は豪雨のたびに流されてしまう

人家の裏にひっそりたたずむ

群馬県K町｜湯川

DATA
訪問……2021年春
アクセス難易度……★★
歩行時間（往路）……約10分
湧出量……多量
湯温……適温
湯船工事難易度……工事不要
※上記はすべて筆者訪問時のものです。
　現況と異なっている場合があります

2章　沢を攻める

流されそうになるほど多量の湯

　K温泉の山奥には野湯がいくつかあるが、こちらは街の中心から数百mも離れていない場所にある。街の外周路である比較的交通量の多い通りから、ガードレールを越えてヤブに入ってゆく。10分ほど下りていくと、適温の湯がゴウゴウと流れる川のほとりに出る。流量が多いので気を抜くと流されてしまいそうだったが、豪快な湯浴みを楽しめた。

　100mほど上流では、生物が棲めるように強酸性の温泉を中性化する事業が行われている。生き物には優しいかもしれないが、温泉好きとしては残念だ。

中和された多量の湯の流れの中で湯浴みができる

天然の岩でできた霧島最古の岩風呂

鹿児島県K市 | 目の湯

DATA
訪問……2021年夏
アクセス難易度……★
歩行時間（往路）……すぐ
湧出量……少量
湯温……適温
湯船工事難易度……工事不要
※上記はすべて筆者訪問時のものです。
　現況と異なっている場合があります

人目を避けて上流の湯船に

　M自然探勝路入り口駐車場から徒歩数分。「霧島最古
の岩風呂」の看板横に湯船がある。遊歩道の真横にあり、
歩行者からまる見えなので、ここでの入湯は勇気がいる。
しかし、上流に20〜30m登った左岸の河原にある一人
サイズの湯船なら、人目を避けて入湯できる。

　硫黄谷から流れる白濁した湯の川のすぐそばにある
が、こちらはその場から湧き出している自噴泉。泉質は
まったく異なり、地元では「目に効く湯」として知られてい
る。適温で気持ちよく湯浴みできたが、季節や気候によっ
て湯温は大幅に変化し、入れないこともあるようだ。

遊歩道から離れた上流の、人目につかない場所にある湯船

谷全体の地熱で温められた沢の湯

鹿児島県K市｜硫黄谷裏の湯

DATA
訪問……2021年夏
アクセス難易度……★
歩行時間（往路）……すぐ
湧出量……多量
湯温……適温
湯船工事難易度……工事不要
※上記はすべて筆者訪問時のものです。
　現況と異なっている場合があります

100m以上にわたって続く温泉地帯

　Eスカイラインの硫黄谷噴気地帯公園駐車場横の道を西へ200mほど進むと、右側に小さな谷が開ける。草木の少ない荒涼とした斜面を沢へと下りてゆく。熱気を帯びた地面には、ところどころにボッケ跡の空洞があるので、踏み抜かないよう、足もとに注意して慎重に下っていった。

　全長100mあまりの短い沢だが、適温の湯が流れ、淀みで湯浴みができる。この沢は澄んだ透明の湯で、やがて硫黄谷からの白濁した熱湯の流れに合流するが、互いの泉質はまったく異なる。硫黄谷は1980年ごろから活動が活発化。地熱で温められた沢が生まれたという。

適温の澄んだ温泉の沢は、硫黄谷からの白濁した熱湯の流れに合流する

北アルプスの山々に囲まれた絶景野湯

長野県○市 | # 噴湯丘

DATA
訪問……2010年秋
アクセス難易度……★★★
歩行時間（往路）……約3.5時間
湧出量……適量
湯温……熱湯
湯船工事難易度……★★
※上記はすべて筆者訪問時のものです。
　現況と異なっている場合があります

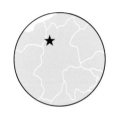

ハイリスクの渡河が不可欠

　Tダムから10kmほど歩き、M川の吊り橋を越えると、河原のあちこちで熱湯が湧き出ていて、その成分で周辺が黒くなっている。この辺りでも湯船を作れるが、200mほど先に見える噴湯丘を目指す。

　Y川を渡らないとたどり着けないが、水量が多いうえに深く、流れも速いため、秋の渇水期でないとリスクが高い。ただ、渇水期でも、私は山靴を流されてしまい、帰路はタオルを靴代わりにして歩くハメになった。噴湯丘は先端から湧出する成分が堆積した、球状石灰石の天然記念物だ。噴出する熱湯と川の水を合わせて、湯船を作った。

渡河ができれば天然記念物のすぐ前に湯船を作れる

長野県O村｜H川河原の湯

※工事期間中は立ち入り禁止

DATA
訪問……2021年春
アクセス難易度……★★
歩行時間（往路）……約30分
湧出量……適量
湯温……高温
湯船工事難易度……★★★★
※上記はすべて筆者訪問時のものです。
　現況と異なっている場合があります

2章　沢を攻める

河原のあちこちで湯が湧出

　地球の地殻である北米プレートとユーラシアプレートがせめぎ合う、フォッサマグナ（糸魚川静岡構造線）。そこを流れるH川の河岸は大規模な崩落を繰り返しており、常に復旧工事を行っている。プレート摩擦による地熱が、多くの温泉を生み出している地域でもある。

　河原を下ってゆくと、長野と新潟の県境付近の左岸のあちこちでポコポコと湯が湧き出している。浅瀬なので、湯船は堰を作り底を深く掘る必要がある。少し上流には工事業者が重機で作ったと思われる巨大な湯溜まりがあり、そこで水泳を楽しんだ。

河原の浅瀬に湯船を作ったが、増水すればすぐ流されてしまうだろう

熱湯と沢水での湯温調整に大忙し

宮城県○市 | F温泉紫地獄

DATA
訪問……2019年冬
アクセス難易度……★
歩行時間（往路）……約20分
湧出量……多量
湯温……高温
湯船工事難易度……★★★
※上記はすべて筆者訪問時のものです。
　現況と異なっている場合があります

堰を作り多量の熱湯を適温に調整

　F温泉のF沢に沿って設けられている1kmほどの地獄谷遊歩道界隈では、あちこちから湯けむりが上がっている。その中で一番元気よく噴出し続けているのが紫地獄だ。

　一定量の熱湯が常にF沢に流れ込んでいるがぬるい。紫地獄から湯が流れ込む位置に川の一部を堰き止めて湯船を作る。熱湯が勢いよく供給されるので、すぐに熱くなる。その都度、川の水とのブレンドを調整すべく、堰の石を組み替える。その作業を楽しみながらの入湯がまた面白い。春から秋は遊歩道を通る観光客の目が気になるが、人の来ない冬季ならば雪景色の中でゆっくり湯浴みできる。

湯けむりが紫雲に見える地獄の湯船

Special.02 ｜ 潮の満ち引きと一体化した温泉

<ruby>海<rt></rt></ruby>の野湯天国・<ruby>式根島<rt>しきねじま</rt></ruby>

写真協力◉木下滋雄

竹芝客船ターミナルから東海汽船のジェット船で、式根島の野伏港（のぶしこう）に到着。約3時間の道中では、東京や横浜の大都会の高層建築物群を、海からの視点で見ることができた。三浦半島を過ぎた辺りからは、大島、利島（としま）鵜渡根島（うどねしま）、新島（にいじま）などの美しい島々が次々に現れ、その風景も満喫した

島の南側にある式根島漁港から、岩の洞窟トンネルを抜けると、松が下雅湯（みやびゆ）に着く。この岩のトンネルは、東海汽船の前身の東京湾汽船が経営していたホテルの湯船に向かう通路だった。トンネルの先には数々の"海の野湯"が待っている

伊豆諸島は火山列島であり、温泉列島でもある。その中のひとつ、式根島は溶岩流で覆われた絶壁に囲まれており、人を寄せつけない雰囲気に満ちている。そして、開発されていない自然のままの温泉がいくつも残っており、野湯も多い。東京から南に約160km。太平洋に浮かぶ島には、ジェット船で都心から3時間足らずで到着した。

島北部の野伏港では宿の人に出迎えてもらい、南部の温泉地帯に移動する。

まずは、快適に入湯できる松が下雅湯に入湯する。その先の海岸沿いに数分歩くと、海とひと続きになった海中温泉である足付（あしつき）温泉に着いた。鉄分を含んだ褐色の強食塩泉が多い式根島で、唯一の無色透明な湯が磯浜から湧いている。湯船は数カ所あるが、海に近い場所は、満潮時にほぼ海水でいっぱいに。干潮時には海水の流入が少なく、かなり熱い。潮の状況に応じ、湯船を選んで入湯する。

足付温泉は「式根松島」と呼ばれる美しい岩礁地帯にあり、いくつも湯船がある。最初は干潮時に行ったが、一番海側の湯船でもかなり熱く、ほかは熱すぎた。満潮は夜だったが、月夜の下で海水がたっぷり流入したぬるめの湯に、ゆったりと浸かることができた

P098に続く

Special.02 | 海の湯天国 式根島

地鉈(じなた)温泉は、世界一のシェアを誇る旅行ガイドブック『Lonely Planet』で、日本の温泉ベスト10に選出されたこともある。入湯できるのは満潮時のみで、夕暮れの中、V字谷につけられた約200段の急な階段を下る。海とつながる大きな湯船は適温。嬉しくなって思わず泳いでしまった

「奥ふなりっと温泉」は、大潮の干潮のピーク時にしか出現しない幻の温泉。目の前に多くの小島が浮かび、その向こうに太平洋の大海原が広がっている。海の野湯の中でも最高の眺めといっていい。ただし、湯船が出現する時間はわずかで、少しでも潮が満ちてくると海中に消滅する

奥ふなりっと温泉の海岸側には山海の湯がある。ここは満潮時に海に沈むため、潮が引かないと入湯できない。超高温の湯が潮の満ち引きで海水と混ざり合う。よい湯加減の湯溜まりをハシゴ。「湯加減は潮がする」といわれる式根島の野湯の醍醐味を満喫できた

そこから高さ50mほどの尾根を越えた先に、断崖を鉈で切り裂いたようなV字谷がある。海に面するところで、超高温の湯が大量に湧出して湯溜まりになっている。満潮になると海水が流れ込んで適温になり、入湯できる。潮の満ち引きに合わせて海水と熱い湯が、ほどよく混ざるポイントを探すことが楽しかった。

潮が引くのを見計らって、足付温泉の100mほど先の海中にある、奥ふなりっと温泉を探す。この温泉は大潮の干潮ピーク時にしか出現しない。地元の温泉好きの方々が干潮時に海に入り、底の石を積み上げて、海中に湯船を作った。海底から熱湯が湧出しているが、通常は海中に沈んでおり、潮が一番引いた時だけ、海水と混ざって適温の湯船になる。

同じ海岸にある山海の湯も満潮時は海中に沈んでいて、潮が引きはじめると次々に湯船が出現する。それぞれの湯船の底から湯が湧出しており、海岸全体が源泉地帯のような状態だった。

満月の夜に足付温泉の湯船で、月明かりに照らされながら入湯を楽しんだ。式根島では月を見ながら湯浴みを楽しむことを「夜潮」というそうだ。満月を愛で、潮騒を聞きながらの入湯は格別だった

P100に続く

御釜湾(みかわわん) 海中温泉へのアクセスには漁船のチャーターが必要になる。式根島港から、断崖に囲まれた御釜湾を目指し、気分は上々だった。出航から十数分で停泊ポイントに錨を下ろし、そこからは自力で泳いで上陸

御釜湾は馬蹄形になった高い断崖に囲まれているため高波が発生しやすく、南寄りの風が吹くとさらにひどくなる。御釜湾海中温泉があるのはその断崖の最奥部

断崖最奥部の直下にある半洞窟状の窪みの周辺で湯が湧出している。垂直の崖の下にも関わらず、岸まで数mのところからは海中を歩くことができた。底の砂の中に手を入れると、地熱でほんのりと温かさが伝わってくる

たどり着いた岸壁の岩場から御釜湾を眺める。沖に浮いているのがチャーターした漁船。泳いで岸壁近くまで来る途中の水中も面白かった。海底からは温泉が湧き出し、海水が温度差で揺らぐ中に熱帯魚も見られた。湾内にはウミガメがやってくることもあるらしいが、今回は出会えず

P102に続く

翌日は、長年の夢である御釜湾海中温泉を目指す。ここに行くには多くの難題をクリアする必要があった。まず、アクセスには船のチャーターが必要だ。断崖の直下にあり、陸路ではいけない。船のチャーターは宿や新島村商工会式根島支所を通じて、漁師と交渉する。岩礁が多い入り江のため、船は沖で停泊し、そこからは自力で数十mを泳がねばならない。この温泉は大潮の日の干潮ピーク約1〜2時間だけ姿を現す。つまり、チャンスは月に2回のみ。漁船から泳いでいくから、夏でないと無理だ。風があれば波が高くなって、泳いでは近づけないから、凪であることも重要だ。もちろん、好天であることも必須。年に数回しかないであろうそのチャンスを何年もうかがっていた。漁船の船長さんの連絡は緊密で対応も機動的だったので、ついにたどり着くことができた。長年の夢が実現し、感無量だった。

断崖の直下には、いくつかの湯溜まりがあった。大量に湧出する熱湯と海水とのブレンド具合で湯加減が変わってくる。のんびり湯浴みをしていると突然大波がきて、一気にぬるくなってしまった。岩場は温泉成分で滑りやすく、気が抜けなかった

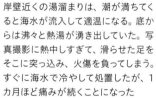

断崖の岩の隙間から多量の熱湯が湧出し、海に流れ落ちていた。周辺の岩は温泉成分で変色しているが、地上の地獄地帯などとは少し異なった明るめの色彩。海底のいたるところからも温泉と炭酸ガスが噴き出していた

岸壁近くの湯溜まりは、潮が満ちてくると海水が流入して適温になる。底からは沸々と熱湯が湧き出していた。写真撮影に熱中しすぎて、滑らせた足をそこに突っ込み、火傷を負ってしまう。すぐに海水で冷やして処置したが、1カ月ほど痛みが続くことになった

足付温泉
- ●訪問:2021年夏
- ●アクセス難易度:★
- ●歩行時間(往路):約10分
- ●湧出量:多量
- ●湯温:高温
- ●湯船工事難易度:工事不要

松が下雅湯
- ●訪問:2021年夏
- ●アクセス難易度:★
- ●歩行時間(往路):約5分
- ●湧出量:多量
- ●湯温:適温
- ●湯船工事難易度:工事不要

式根島 野湯Map

奥ふなりっと温泉
- ●訪問:2021年夏
- ●アクセス難易度:★
- ●歩行時間(往路):約15分
- ●湧出量:多量
- ●湯温:高温
- ●湯船工事難易度:工事不要

地鉈温泉
- ●訪問:2021年夏
- ●アクセス難易度:★
- ●歩行時間(往路):約30分
- ●湧出量:多量
- ●湯温:高温
- ●湯船工事難易度:工事不要

御釜湾海中温泉
- ●訪問:2021年夏
- ●アクセス難易度:★★★★★
- ●歩行時間(往路):すぐ(+泳いで約10分)
- ●湧出量:多量
- ●湯温:高温
- ●湯船工事難易度:工事不要

山海の湯
- ●訪問:2021年夏
- ●アクセス難易度:★
- ●歩行時間(往路):約15分
- ●湧出量:多量
- ●湯温:高温
- ●湯船工事難易度:工事不要

式根島へのアクセス

DATA

式根島には、東京都港区の竹芝桟橋からジェット船と大型客船が就航している。ジェット船は、片道約3時間で日中に1日1往復。大型船は、往路は竹芝桟橋を夜に出発し、約11時間の船旅を経て式根島に翌朝着。復路はお昼前に式根島を出発し、夜に竹芝桟橋に到着。いずれも時期によっては運休日があるため、直前に要問い合わせ。
- ●問い合わせ先:東海汽船 ☎03-5472-9999
URL https://www.tokaikisen.co.jp

※上記はすべて筆者訪問時のものです。現況と異なっている場合があります
※歩行時間の起点はすべて野伏港からクルマで10分の式根島港

静岡県H町 | K海岸こぼれ湯

I半島のK温泉街の海岸に、防波堤の下から湯気を上げて浜を横切り、海に注ぎ込む小さな流れがあった。流れを遡るとすぐ先に、温泉やぐらを発見。その源泉漕から湯があふれ出して、海岸に流れ込んでいた。

湯は十数m流れた先の海に注ぐ場所でも熱すぎたので、波打ち際を石で囲んで底を掘り、海水を取り込んで湯船を作った。入湯するが、波が打ち寄せると温度が下がり、引くと熱くなる。潮が引いてきたら、少し海側にまた別の湯船を作る。波打ち際での作業を繰り返したが、快適な入湯にはならなかった。

DATA
訪問……2021年夏
アクセス難易度……★
歩行時間(往路)……約5分
湧出量……適量
湯温……高温
湯船工事難易度……★★
※上記はすべて筆者訪問時のものです。
　現況と異なっている場合があります

1 やぐらの源泉漕から熱湯があふれ出し、浜に流れてゆく　2 波打ち際に湯船を作って入湯する。油断すると波をザブンとかぶる　3 波打ち際では温泉がそのまま海に垂れ流しになっている

浜を流れ海へと注ぐ湯で
波打ち際に湯船を作る

104

Special.02

ならでは 海の野湯

青森県F町 | T海岸の野湯

夕陽で赤く染まる日本海の
絶景を眺めながら入湯

1 石浜の赤茶色の太い帯の途中に、満潮時の波打ち際で作ったと思われる湯船跡があった。さらに掘り、石を積んで堰を作って、寝湯ができるくらい横に長い湯船を作った 2 崖下の海岸の源泉施設から湯が排出されている

日本海の海岸に、美しい夕陽を眺めながら入れる野湯がある。源泉施設から余った熱い湯がパイプによって排出され、そのまま垂れ流しとなって海に流れ込んでいる。鉄分を含んだ新鮮な熱い温泉は、酸化しながら茶褐色に変色し、周囲の石や砂を染める。そして浜に赤茶色の太い帯を形成する。さらに、温泉成分で周辺の海も赤味がかっている。

石浜を流れる湯を堰き止めて湯船を作り、入湯する。目の前に広がる日本海は、沈む夕陽でますます赤く輝いていた。後ろの丘陵地帯も夕陽に照らされて、すべてが赤く染まった圧巻の眺めだった。

DATA
訪問……2017年秋
アクセス難易度……★
歩行時間(往路)……約15分
湧出量……少量
湯温……高温
湯船工事難易度……★★
※上記はすべて筆者訪問時のものです。
　現況と異なっている場合があります

発見してからが本番
熟練の湯船工事ワザ

湯浴みの幸せを得るために
知恵を絞り汗を流す

野湯にたどり着いて即入湯、ということはあまりなく、まずは湯船工事をすることが多い。野湯の立地はひとつとして同じものはなく、湯温も熱すぎる時もあれば、ぬるすぎる時もある。底を掘り、石や泥などで源泉からの流れを調節したり、川の水で適温にしたりして、自分だけの温泉を作ってゆくのだ。

たまに、湯船跡ではなく天然の"湯溜まり"を発見することもある。藻や枯葉、虫や小動物の死骸が浮いていることも多いが、私は躊躇せずにその湯に浸かる。マニアのサガだが、その異常な姿に仲間からいつもあきれられてしまう。

湯船工事は、源泉の場所と湯温、湧出量の確認から始める。源泉と水を混ぜて適温にする場合は、湯船を作る場所も重要なポイントとなる。湧出量が少なかったり温度が低すぎたり、熱すぎても調節する水や雪がなかったり、硬い岩場で掘ることが不可能だったりと、適温の湯船が作れないこともある。

基本は、まず湯船の底を掘り、掘り出した石や泥を周りに積み上げる。そして堰を作り、湯や水の流入量を調節しながら、適温にしてゆく。

底はより深く、堰はより高くし、快適な湯船に。技術とセンスと経験が必要ではあるが、作業を始めれば子どもの砂遊びのように童心にかえって夢中になれる。湯船は肩まで浸かれる

のが理想だが、状況によってはうまく作れないこともある。十数cmの深さで寝転がって、泥だらけの入湯をしたこともあった。それでも、自然との一体感が生まれることでシアワセな気分になれた。

スコップの威力も活用しつつ
肝心の場所では素手の作業も必要

湯船工事にスコップは必需品。野湯探訪を始めたころは素手で掘っていたのだが、手や指の皮が擦り剥けてしまい、何度も痛い思いをした。初めてスコップを使った時、当たり前だが作業効率のよさと、身体への負担の小ささに思わず「すごい！」と感激してしまった。

アウトドア用にさまざまなタイプのスコップがあるが、雪山登山で雪洞などを掘るための折りたたみタイプは軽くてコンパクトなので、湯船工事用に持っていくのにもおすすめだ。

手袋も忘れてはならない。岩の多い場所では、スコップが使えないからだ。

大きな岩を掘り出せたら嬉しくなり、ついつい仲間に自慢したくなる。堰を作る石を積み上げたり、泥や砂で堰の隙間を埋めたり。これらの作業は必ず手袋を着用して行う。あるとないとでは、ケガの頻度や程度がまるで違う。できれば、園芸用などの手のひらが厚めのゴムでカバーしてあるタイプを使いたい。これだと、滑りにくく作業がしやすいのだ。

滝を攻める

滝の流れそのものが温泉で、滝壺が天然の湯船になっていたり、滝の裏側に湯溜まりが隠れていたり。滝は落差のある断崖になっており、川幅も狭まっているような場所も多い。目の前は急崖で直登できず、大きく迂回しないと野湯まで到達できない……ということも珍しくない。

群馬県K町 | 三段滝の湯

DATA
訪問……2017年夏／2021年夏
アクセス難易度……★★★
歩行時間（往路）……約40分
湧出量……多量
湯温……低温
湯船工事難易度……不要
※上記はすべて筆者訪問時のものです。
　現況と異なっている場合があります

アクセスの可否は噴火警戒レベル次第

　この野湯を楽しむには、いくつかの条件が整う必要がある。標高1900mの高所で湯もぬるいため、真夏の晴天の日でないと、快適な湯浴みはできない。また、K山の噴火警戒レベルが2以上になると、入山規制で、アクセスするための登山道が立ち入り禁止になる。登山道の入り口付近にあるわずかな駐車スペースの確保も困難だ。晴れ男で強運の持ち主の私は、これらの条件をクリアして2回も楽しむことができた。

　クルマを駐車し、湿原に向かって下る。火山性ガスの影響で低木しかない、見通しがよく歩きやすい山道を進むが、谷を横断し、さらにその先の谷に入り込むと、足場の悪いガレた谷歩きとなる。時々、沢の水温を確かめつつ源泉を探しながら進む。しばらくゆくと、周辺から硫黄臭が漂いはじめる。谷が急に落ち込んで狭くなる辺りになると、沢のあちこちで温泉が染み出しているのを見つけられた。

1 入山規制の看板。噴火警戒レベルが低ければ立ち入りOK　**2** 湿原に向かう途中の登山道から、この谷に入り沢を下りてゆく　**3** 落差数ｍの三つの滝が連なっており、それぞれの滝壺が天然の湯船になっている

4 一番上の滝壺が最も温かく、眺めもよかった　5 ○湿原の向こうには上州の山々が連なる

数々の滝壺がすべて天然の湯船

　沢の途中で大きな岩に書かれた「♨」マークを発見。その直下の流れはすでにぬるめの湯になっている。ここに湯船を掘ることもできるが、すぐその先が三段滝の落ち口だ。

　高さ数mの滝が三つ連なった計十数mの落差をぬるめの湯が流れ落ちている。三つの滝壺はすべて天然の湯船だが、源泉が滝の上流にあるため、一番上の滝壺が温かい。湯船からの眺めはすこぶるよくて、眼下の渓谷美の向こうには上州の山々が織りなす絶景が広がる。さらに下流に下りてゆくと、あちこちから源泉の湧出を見つけることができるが、沢の水量も増えるため、かなりぬるくなる。100mほど下った辺りには大きな天然湯船があり、気持ちよく温泉水泳を楽しんだ。

　帰路は木のない山肌をよじ登って、直線的にK山方向へと進めば、早くかつ楽に戻れる。見通しがよい低木地帯ではカモシカとも遭遇した。

さらに下流にもいくつか滝があり、大きく深い湯船も見つかった

新潟県M市 ｜ S滝の湯②

DATA
訪問……2016年夏
アクセス難易度……★★
歩行時間（往路）……約1時間
湧出量……少量
湯温……高温
湯船工事難易度……★
※上記はすべて筆者訪問時のものです。
　現況と異なっている場合があります

道中には雪渓や源泉露天風呂も

　T温泉からの急な谷に沿った登山道の斜面には、初夏まで残る大きな雪渓がある。アイゼンはないので、慎重に踏み込みながら進む。数百m進むと、落差40mのK滝、その上に落差50mのS滝の見事な連瀑が見えた。温泉が流れ落ちていると思うと、小躍りしてしまう。

　S滝は鉄分で赤っぽく染まった垂直の岩壁が美しい。岩肌からも硫黄泉の析出があり、流れは少し白濁した淡い灰色。滝壺にも湯は流れ込んでいるが、滝自体の水量が多く、入湯には適さない水温だ。

　滝壺の右上部の断崖の岩棚に小さな湯船を発見した。岩肌から湧き出す熱湯と滝の水が合わさって適温。喜び勇んで入湯する。底や壁からも熱湯が出ていて、思わず下半身がアチッとなる一方で、上半身は滝からの冷たい水飛沫を浴びてヒヤッとなる。50m上から豪快な水が落ちてくる野趣満点の貴重な湯浴みとなった。

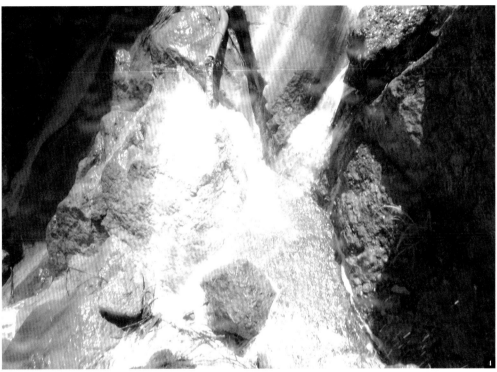

1 登山道に初夏まで残る大きな雪渓を、滑らないよう慎重に歩く　**2** A温泉の源泉にある露天風呂　**3** S滝に近づくと、温泉成分で岩肌が赤く染まっているのがわかる　**4** 赤茶けた岩肌から湧き出る湯が、断崖の岩棚に溜まっていた

秋田県Y市｜K大湯滝

3章 滝を攻める

DATA
訪問……2015年秋
アクセス難易度……★
歩行時間(往路)……約40分
湧出量……多量
湯温……低温
湯船工事難易度……工事不要
※上記はすべて筆者訪問時のものです。
　現況と異なっている場合があります

日本三大霊地に豪快な湯滝

　大湯滝の源泉は、日本三大霊地のひとつの地獄地帯だ。あちこちで噴気が出て硫黄臭が漂う遊歩道を下ると、熱湯が流れる川に出た。下流に数百m流れる間に沢水と混ざって適温の滝となり、ダイナミックに落ちてゆく。整備された歩道を下ると、ゴウゴウという滝の音が響き出す。木々の間からは、青味がかった白い岩盤を流れ落ちる湯滝が見える。

　落差20mの分岐瀑の滝壺や渓流付近のあちこちに、入湯が可能な天然の湯船ができていた。向かって左側には三段の滝があり、それぞれの滝壺は洗濯槽のように渦巻く湯船になっている。岩盤をよじ登り、何とかこの滝壺に入湯することができた。流れ落ちる温泉水はpH1.4という超強酸性で、飛沫が少しでも目に入るだけで猛烈に染みる。一番下の滝壺からは湯が流れ出し、下流にも湯船が広がる。流れも緩やかなので、硫黄泉の滝を見上げながらの湯浴みを満喫できた。

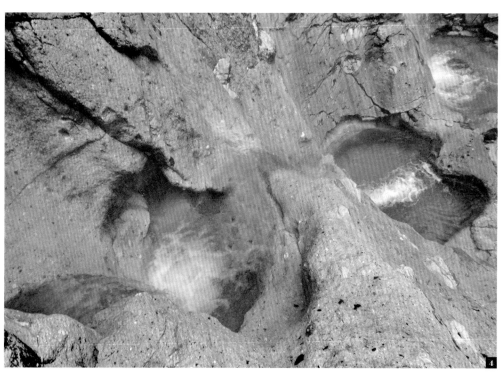

1 源泉の地獄地帯は江戸初期から1966年まで三百数十年間、硫黄が採掘されていた　**2** 遊歩道を下ってゆくと、だんだんと瀑音が近づいてきて大湯滝が顔を出した　**3** 一番下の滝壺は、滝を見上げて湯浴みができる広い湯船だ　**4** 岸壁の北西側は三段の滝で、各滝壺が湯船になっている

群馬県K町 | J滝下の湯

3章 滝を攻める

DATA
訪問……2002年夏／2021年夏
アクセス難易度……★★★★
歩行時間(往路)……約1.5時間
湧出量……少量
湯温……適温
湯船工事難易度……工事不要
※上記はすべて筆者訪問時のものです。
　現況と異なっている場合があります

滝の流れに圧倒されながら入浴

　K温泉スキー場の脇から林道を進むが、すぐに車両通行止め。日本百名瀑の展望台まで登る。2002年以来の再訪で、ルートがひどく荒廃していることに驚く。登山道を5分ほど進むと「上級者向けコースで危険なため自信のない方はご遠慮下さい」との看板がある。入ってゆくが、いきなり熊笹によるヤブの洗礼。足もとが見えない深いヤブで、すぐにルートを見失う。さまよいながら下り、踏み跡を発見。崩壊の多い急斜面をトラバースし続け、やっと谷底の川に出た。

　落差6〜7m、幅20mほどの滝の裏に温泉がある。手前で服を脱ぎ、水飛沫を浴びながら大きな岩を乗り越えて滝の前に出る。半洞窟状態になった滝の裏側に湯船はあった。滝をもぐって入湯するが、滝の水が混ざってぬるい。半洞窟の最奥部の源泉は熱く、その付近は適温だ。目の前をものすごい勢いで滝水が落ち続ける、圧巻の湯浴みだった。

1 看板の先ではヤブがどんどん深くなる **2** 20年前にはなかった左端の滝。その滝の裏に温泉が湧いていた **3** 滝の裏の湯船は意外に広く、2〜3人は同時に入れる

滝にも川にも豪快に湯が流れる

O温泉小滝の湯

※現在は立ち入り禁止

DATA

訪問……2021年春
アクセス難易度……★★★
歩行時間(往路)……約30分
湧出量……多量
湯温……適温
湯船工事難易度……工事不要
※上記はすべて筆者訪問時のものです。
　現況と異なっている場合があります

雨上がりの激流で入浴中に流されかける

　ここは私有地で立ち入り禁止だが、私が訪問した際には偶然、所有者の老夫婦が山菜採りのために来ており、野湯訪問の趣旨を伝えて、許可をいただいた。林道を数百m進み、急流の小川を渡る。橋の上は土石流に襲われたかのように岩や泥だらけだ。その下の急な谷を勢いよく流れているのは湯である。橋の横から谷に入って遡り、崖崩れ跡の急斜面を登る。一歩ずつガレ場の岩に足先をかけ100mほどよじ登る。木を掻き分け岩を乗り越えると、少し開けたスペースに出た。

　横の川は温かい湯で、さっそく服を脱ぎ川に浸かる。さらに遡ると激しい急流となり、その先に豪快な水量の滝が現れた。滝行をしてみるが、首の骨が折れそうな勢いだ。源泉は滝の上にあり、多量の熱湯が湧き出ているはずだが、その日は雨上がりで水量が多く、ぬるめだった。激流に揉まれながらの湯浴みで、そのまま流されそうになった。

■ 通常は立ち入り禁止の林道をゆく。周りには崖崩れ跡が点在する　■ 崖を登り切ったら、激流の先に湯の滝が見える　■ 雨上がりの増水でぬるめになった湯が、豪快に流れ落ちていた

ふたつの瀑布に威圧されながら湯を浴びる

栃木県N市 | R滝 雌滝

DATA
訪問……2019年秋
アクセス難易度……★★★
歩行時間（往路）……約1.5時間
湧出量……多量
湯温……低温
湯船工事難易度……工事不要
※上記はすべて筆者訪問時のものです。
　現況と異なっている場合があります

流れ落ちるご神体の湯で"滝行"

　途中までのアクセスは32ページの「御宝前の湯」と同じ。地図には載っていない「業者のための給湯管保守道」を進み、道を外れて急斜面を下りる。熊笹の急斜面は滑りやすく、茎からわし掴みして、滑落しないように慎重に下りる。数十mの落差を下りると川に出る。河原を上手に歩けば、渡河しなくても山靴のまま進めた。流れの先に滝が見えはじめ、広い空間に出ると双竜のように流れる滝を同時に見上げることができる。

　向かって左が雄滝で落差約20mを真っすぐ落ちる典型的な直瀑だが、温泉ではなく、冷たい飛沫でマイナスイオンを大量に振りまいている。右の雌滝は岩場を階段状に落ちる分岐瀑で、滝全体にぬるい湯が流れている。雌滝のほうで滝行の温泉浴を実行。ここは上流から「御宝前の湯」が流れており、昔は山伏の千日修行の場だったという。

1 雌滝は温泉成分で茶色くなった岩肌を階段状に落ちている **2** 雄滝は冷たいがきれいな直瀑。淵に立つと瀑風がすごい **3** 雌滝の中に入り、全身全霊で湯の滝を満喫する

想定外の場所から湯が流れ落ちる

福島県I町 | 断崖横穴からの湯滝
※現在は立ち入り禁止

DATA
訪問……2020年夏
アクセス難易度……★★★★★
歩行時間(往路)……約40分
湧出量……多量
湯温……低温
湯船工事難易度……★★★
※上記はすべて筆者訪問時のものです。
　現況と異なっている場合があります

ルートには何の手がかりもない

　山道から崖を下りるために辺りを見回し、草に覆われた崖崩れ跡で、下りられそうな場所を見つけた。足場が脆い急斜面を数十m下り、今度は斜面をトラバース。背丈よりも高いヤブで前方がほとんど見えない。突き進めば温泉が流れる沢に出るはずなのだが、起伏の激しい急斜面とヤブが行く手を阻む。

　ひたすらもがきながら歩き続けていると、突然視界が開け、ヤブから抜けた。ガレ場に沢が流れ、湯気が立っている。見上げると、断崖の岩壁の真ん中に穴が開いて、滝となって湯が流れ出ている。「ついに見つけた」と歓喜の声が出た。滝下まで登るが、滝壺も湯船もない。大きな石を掘り出し堰を積み上げ、数十分で二人が入れる快適な湯船を完成させた。長年の湯船作りの経験の賜物だ。ぬるめだが、断崖に囲まれて滝を見上げながらの湯浴みは格別だった。

1 崖崩れ跡のヤブを慎重に下りる。草は握ると簡単に抜ける　2 断崖中腹の穴から湯が流れ落ちている。奇妙な光景を前に唖然とする　3 滝下の平らな部分で岩を掘り出し、周りにそれを積み上げて作った湯船

実体験に基づいた情報収集テクニック

事前の調査は詳細かつ多角的に常に最新の情報を意識する

野湯巡りは常に、命の危険やケガと隣合わせだ。しかも、アクセスが厳しい野湯ほど、情報の絶対量も少なく、計画立案は難しい。そのためプランニング段階から現地での探索中まで、細心の注意が求められるのは言うまでもない。

ここでは、私が自らの経験に基づいて身につけた、プランニングのノウハウをお伝えしよう。

まずは情報収集だが、チェックしやすいのは野湯マニアが発信するSNSやブログ。しかし、明確な場所や、詳しいアクセス方法まではレポートされていないことが多い。「自分たちの隠れ家」を安易に公開しないのが暗黙のルールなのだ。

ただ、野湯や秘湯系のSNSのコミュニティに参加すると、世界は広がる。ネットにはいい加減な情報や間違った内容もあるが、知り合いになると、信頼のおける情報だけでなく内輪だけの内緒の情報も教えてもらいやすい。

精確な場所を特定するには、国土地理院の電子国土Webが便利だ。野湯のある場所に「♨」マークが表示されている場合がある。これはほぼ正しいが、何の表示もない場所に野湯があることも多い。SNSやブログのレポートを頼りに地形を推測し、おおよその場所を特定してゆく。

管轄する自治体や管理者がわかっているなら、直接電話で問い合わせる手もある。野湯自体については教えてもらえなくても、たとえば近くの林道など、アクセス情報の一端が得られることもある。

こういった情報収集の際に必ず確認したいのが、「この情報は最新のものか」ということ。野湯もその周辺の地形も、崖崩れや台風など自然現象によって刻々と変化する。一年も経てば状況が一変していることも珍しくない。

天気が悪ければ中止を決断GPSを駆使しても迷うことも

場所が特定できたらいよいよ現地へ。だが、その可否を決めるのは天気。雨では楽しめないばかりか、足もとはぬかるみ、ルートも見失いやすくなり、リスクが膨らむ。晴れ予報が実施の最大の条件である。

私は「tenki.jp」で2週間前から毎日、目的地付近の確認する。3日前からは、同サイトの1時間予報をチェックする。野湯探訪の時間帯に雨が降る予報なら、無理して決行しない。現地に着いてからも、天気は常に注視する。気象庁の降水短時間予報などで、数時間先までの細かな予報を見て、雨の降る時間帯を避けて行動する。

アプローチが道標の整備された登山道ならともかく、ヤブコギや崖のトラバースなど、道なき道を行く場合、GPSは必須。しかし森やヤブの中ではGPSが機能しにくい。数分おきに確認し、ルートを見失ったと判断したら、確実にわかる地点まで戻ることが鉄則だ。

4章

危険地帯を攻める

行く手を阻む、噴出する熱湯や熱泥、有毒ガスに思わず足がすくむ。崖のトラバースや猛烈なヤブコギ、崩落したガレ場歩きなど、わずかな距離を進むのにも時間や体力を想定外に奪われる。体力的にも精神的にもタフな者だけがたどり着ける、究極の野湯が困難の先に待っている。

福島県I町 | N元湯
※ツアー参加者以外は立ち入り禁止

DATA
訪問……2010年夏／2020年夏
アクセス難易度……★★
歩行時間(往路)……約1時間
湧出量……多量
湯温……低温
湯船工事難易度……工事不要
※上記はすべて筆者訪問時のものです。
　現況と異なっている場合があります
※ツアー申し込み:会津ドリーム開発

広大な源泉地帯を尾根から俯瞰する

　日本百名山のひとつ、A山の爆裂火口跡から伸びる谷では、あちこちで湯が湧出し、川となって流れている。硫化水素ガスの発生量が多く、1997年には4人の死亡事故が発生しており、ツアー参加者以外は立ち入り禁止となっている。アクセスは尾根の登山道ルートと、谷側を歩いていくルートがあるが、谷側ルートは立ち入り禁止で、「無断侵入は警察に通報する」との看板がある。

　尾根に出ると前方にA山を眺めながら気持ちよく歩ける。やがて左下に広い谷の源泉地帯が見えてくる。硫黄の採掘場や温泉宿の跡、麓の温泉地への送湯施設など、多様なラインが交錯しており温泉工場のような世界にワクワクしながら進んでゆく。足もとには、強い酸性の温泉水が流れる場所でのみ育つチャツボミゴケや、硫黄分の多い場所に生息するイオウゴケなど、珍しい植物も見られた。

1 尾根から俯瞰する源泉地帯は、野湯だらけの特異な光景　**2** 送湯用パイプラインのメンテナンスに使用する道。転落しないよう細心の注意を払う　**3** 野湯周辺には、有毒ガスが発生する危険地帯であることを警告する看板が随所にある　**4** 上流ほど湯温もアクセス難易度も高くなる

川の各所ではしご湯を堪能

　時折、硫黄臭が漂う谷を下りた先が源泉地帯だ。周辺には多くの源泉が湧き出しており、それらが谷底の川に集まる。川が温泉になっている野湯は全国にいくつもあるが、ここは毎分1万3400ℓ以上の湯が湧く。単一の源泉としては日本一ともいわれ、野湯の「東の横綱」と称されている。湯の温度は上流ほど熱く下流ほどぬるいが、それも一律ではなく、源泉が近ければ下流でも熱いことがある。小さな滝壺や淀みは天然の湯船になっており、好みの温度の湯溜まりを探して歩き回る。あちこちの湯船をハシゴしながら、次々と湯巡りを楽しんだ。

　ただし、全体的に湯温は高くなく、夏以外の季節は、適温を求めて上流に向かいがちになる。渡河の必要のない荒れた斜面を登ってゆくが、足場は脆く滑りやすい。さらに、上流ほど硫化水素ガスが濃くなる傾向があるので、風が弱い時は長居してはならない。

5 川幅の広い淀みでは思わず泳ぎたくなる　6 野湯周辺の源泉地帯では、明治時代から硫黄の採掘と、湯の花の採取が行われていた

小さな滝壺は快適な湯船。天然の打たせ湯が楽しめる

宮城県O市｜奥の院地獄

４章　危険地帯を攻める

DATA
訪問……2015年秋／2018年冬
アクセス難易度……★★★
歩行時間（往路）……約40分
湧出量……多量
湯温……適温
湯船工事難易度……★★
※上記はすべて筆者訪問時のものです。
　現況と異なっている場合があります

土石流が頻発する有毒ガス地帯

　O地熱発電所へのアクセス林道が、歩き出しの起点となる。ほのかにぬるい沢を探して遡る。かつてはルートがあったらしいが面影すら見つからない。冬ならば雪面をスノーシューで比較的ラクに登ってゆける。数十分ほどで視界が開け、山中に荒涼とした一帯が現れた。

　地面からは小さな噴気があちこちで出ており、地下が空洞になって熱湯が流れているボッケ跡も多い。ストックを使って地面を突いて、一歩一歩状況を確かめながら歩く。噴出した湯が随所で小さな流れとなっていた。泥湯が沸騰し音を立てている湯溜まりもある。

　本流の温度を確かめながら湯船を作る場所を探す。川底は砂と泥で掘りやすい。湯量豊富なので、堰を作るとすぐに湯が溜まった。夢心地のひとときに長居したくなる。しかし、有毒ガスの発生量も多いため、本当に天国にいかないように、早めにエスケープした。

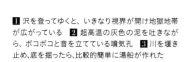

■ 沢を登ってゆくと、いきなり視界が開け地獄地帯が広がっている　2 超高温の灰色の泥を吐きながら、ボコボコと音を立てている噴気孔　3 川を堰き止め、底を掘ったら、比較的簡単に湯船が作れた

毒ガス地帯の湯

秋田県S市

※現在は立ち入り禁止

DATA
訪問……2015年秋
アクセス難易度……★★
歩行時間(往路)……約30分
湧出量……多量
湯温……適温
湯船工事難易度……★★
※上記はすべて筆者訪問時のものです。
　現況と異なっている場合があります

さまざまなリスクがある危険地帯

　日本一の強酸性温泉として有名なT温泉から、活発な火山活動を繰り返しているY山への登山道に。途中で谷に下りる分岐を探すが、ヤブが深くルート探しに苦労する。しかし、前方には立ち上る噴気が見えていて、目的地は明確だ。距離的には200〜300mの下り坂であり、がむしゃらにヤブコギをして突き進むと、噴気の周りに広がる地獄地帯に出た。

　辺り一帯はいたるところで、有毒ガスの硫化水素や亜硫酸が地表に噴き出している。ここは鳥や小動物も近づかないと言われており、山菜採りで迷い込んだ人が死亡するという事故も発生している。現在は立ち入り禁止になっており、明るく見通しがきく風の強い日以外は近づいてはならない。最近では熊に襲われる事故も増えており、命を落とした人もいる。Y山もこれまで噴火を繰り返していて、過去には溶岩流、山体崩壊、地滑りなどの災害が発生している危険地帯なのだ。

1 火山活動が活発なY山の麓では、ガスの噴出が多く見られる　2 地獄地帯の山肌には温泉が湧き出して流れている

不気味な雰囲気に入湯後は即退散

地獄地帯の景色は勇壮でなかなか見ものである。しかしその景色の中に身を置くと、不気味な雰囲気を感じる。

一帯は地面が熱くなっており、ところどころ柔らかい箇所もある。ボッケ跡にハマるリスクもある中、充分に注意して辺りを探索する。最も活発に蒸気を上げているのは、谷上部に鎮座している湯沼であった。口と鼻をタオルで覆いながら近づくと、沸騰する多量の熱湯が濃い灰色を帯びた泥を吐きながらボコボコと音を立てていて、得体の知れない恐怖を感じた。

沸騰する湯沼からは、谷に向かって熱湯が流れ出ていた。数十m下流の、ほどよく適温になった場所で流れを堰き止め、底を掘って湯船工事をする。風があり毒ガスのリスクは小さかったが、重労働で空気の摂取量が増えると心配だ。入湯後、そそくさと地獄地帯をあとにした。

3 段丘面にはかつての湯治場の跡と思われる廃材が残っていた **4** 湧き立つ湯沼の周りには有毒の硫化水素ガスが満ちている **5** 硫黄分をたっぷり含んだ泥湯は、お肌にはとてもよさそうだ

岩壁のすき間を多量の温泉が流れる

洞窟とゴルジュ

※ツアー参加者以外は現在は立ち入り禁止

4章 危険地帯を攻める

DATA
訪問……2020年夏
アクセス難易度……★★
歩行時間(往路)……約1.5時間
湧出量……多量
湯温……低温
湯船工事難易度……工事不要
※上記はすべて筆者訪問時のものです。
　現況と異なっている場合があります
※ツアー申し込み:会津ドリーム開発

温泉の川が地中に吸い込まれる

　ここは126ページで紹介した「N元湯」の下流にあるが、意外にその存在は知られていない。有毒ガスが発生する源泉地帯からは200〜300m以上離れているものの、立ち入り禁止スポットなのでツアーに参加する必要がある。「N元湯」から、湯の川の流れに沿って下ってゆくと、登山道の左手を流れていた川が地中にもぐり込んで消えている。川を離れさらに進んでゆくと、今度は登山道の右手の渓谷の下に川が流れている。不思議に思い、川が地中に吸い込まれている場所に戻って、そこから谷に下りて川の行方を追ってみる。温泉成分で滑りやすい岩壁を慎重に下って、ぽっかり空いた大穴の底まで入ってゆくと、その先は水平な洞窟トンネルになっていた。洞窟の入り口は滝壺になっていて、ちょうどよい湯船だ。洞壁には削岩機で開けたような穴が残っており、人工のトンネルであることがわかる。

1 洞窟出口の先の断崖の峡谷も人工的に掘削されている。入湯は可能だ **2** 岩壁の廊下の両サイドは高さ5〜6mの垂直の壁で湯が流れている

3 温泉の川が地球に吸い込まれていくよう。ここが洞窟の入り口
4 洞窟の大きな出口からは、峡谷を流れる温泉の川が見える

断崖から岩壁廊下に温泉が流れる

洞窟は30〜40mほどの長さで、向こう側には出口が見える。出口付近の洞窟内の高さは10mほどあって、その巨大なスケールに驚いてしまう。洞窟内に源泉はないようだが、流れ込む川の湯量が豊富なので、そのまま寝転んでぬるめの寝湯を楽しんだ。

洞窟を出ると、切り立った断崖の峡谷になる。川は掘削された岩盤の上を流れているので、足もとは比較的安定しているが、温泉成分で滑りやすい。巨大な洞窟の出口を背景に、断崖直下で湯浴みができる。まさに絶景の野湯である。

さらにその先を数十m進むと、垂直に切り立った岩壁に挟まれた廊下＝ゴルジュになっていた。もちろんそこには、湯が流れて溜まっているのだが、さすがにここに落ちると戻ってこられなくなりそうなので、その奇観は眺めるだけにした。

巨大洞窟の入り口付近。ぬるめだが快適な入浴スポットだ

雪の絶景に抱かれながら泥湯を満喫

宮城県O市 ｜ # K地獄

※現在は立ち入り禁止

DATA
訪問……2006年冬
アクセス難易度……★★
歩行時間(往路)……約30分
湧出量……多量
湯温……適温
湯船工事難易度……★
※上記はすべて筆者訪問時のものです。
　現況と異なっている場合があります

最高の泥湯で湯浴みを満喫

　O地熱発電所の裏側に広がる地獄地帯。荒涼とした大地はグリーンシーズンには歩きにくそうだが、積雪期にはスノーシューで快適に歩けた。見晴らしのよい雪原のあちこちから噴気が上がっている。とはいえ、危険もある。地熱により雪の下が空洞になっている場所が随所にあり、ボコッと腰から下がハマってしまった。スノーシューのおかげで、ボッケ跡を踏み抜かず助かったが、浮かれていてはケガをする。

　広い谷の底を流れる沢には、灰色の泥を含んだ少し青味がかった湯が流れている。その付近の100mほどの流れはどこも適温で、湯船になる淀みもあちこちにある。服を脱いでウォーターシューズで歩きながら、気に入った場所で湯浴みを繰り返す。流れ込む小さな沢の湯溜まりでも入湯。適温で腰まで浸かれるいい感じの深さと広さの泥湯も。今までで最も気持ちのよい泥湯で幸せな湯浴みを楽しんだ。

1 かつては遊歩道があった地獄地帯。積雪期は特に美しい　**2** 沢は広い谷の随所で湧き出る湯を集め、適温の湯船にしてくれる　**3** 地獄地帯に独立して存在していた濃い泥湯。適温の見事な湯船だった

141

4章　危険地帯を攻める

群馬県T村｜銅粉の湯

DATA
訪問……2015年夏
アクセス難易度……★★★★★
歩行時間（往路）……約2時間
湧出量……少量
湯温……低温
湯船工事難易度……★★
※上記はすべて筆者訪問時のものです。
　現況と異なっている場合があります

猛烈なヤブを泳ぐように掻き分ける

　この野湯へのアクセスルートのひとつはM温泉スキー場から標高を維持しながら移動してゆくルートで、直線距離だと野湯まで数百m強なので、挑戦する人が多い。しかし、どのレポートを見ても、背の高い根曲竹の密集する中で、タフなヤブコギが必要となり、「諦めて撤退した」や「二度と行きたくない」といったコメントが多い。

　もうひとつはM峠から沢を下るルートであるが、情報はほとんど見当たらなかった。地形図を見た限りでは遭難リスクの少なそうなM峠からトライした。一番低い谷底を目指して下ってゆくが、すぐに根曲竹のヤブコギを強いられる。背丈以上のヤブの中で前後左右の状況は何もわからない。上も下もヤブで、進んでも進んでも、どこにいるのか見当がつかず、溺れるようにもがき続けた。沢の水が深くなっても構わず突き進む。すると、空が開け、ついにヤブから脱出できた。

1 M峠から下ってゆく。すぐに背丈以上のヤブで何も見えなくなってしまう **2** たどり着いたのは開けた谷。土石流で朽ちた大木が散乱していた

本当に厳しいのは帰りのヤブコギ

　やっとの思いでたどり着いた谷間には硫黄泉の川が流れていたが、人
肌程度の湯温でぬるい。100mほど下流まで捜索してみても、どこもぬる
かったものの、谷の左岸上部から適温の湯が湧出している、小さな湯船
跡を発見する。底を掘り、快適な湯船を作って入湯。ヤブとの格闘の疲れ
を癒したが、次の瞬間、帰路を考えて我に返った。

　下りてきた谷を登り返すのは過酷だった。下りは竹を踏みつけ、上に

3 谷には乳白色のきれいな湯が流れるが、ちょっとぬるい **4** 根曲竹とひたすら格闘を続ける。過酷さに精魂尽き果てた **5** 唯一適温だった源泉に湯船を作った **6** 源泉からは適温の温泉が湧き出す。その光景を眺めているだけで癒される

乗りながらも進むことができたが、登りはそうはいかない。猛烈なヤブコギで掻き分けた竹が跳ね返り、顔や体を打ちつけた。根にしがみついて土壁を上り、ほふく前進を強いられる場所もある。上りは谷がいくつも分かれておりルートを見失う。大きな岩によじ登って、やっと視界が開け、峠の方向がわかった。ヤブの中でその方向を目指して必死で這い上がる。満身創痍で何とか生還できたが、最後は座り込んでしばらく動けなかった。

鹿児島県K市 ｜ 湯の池地獄下の湯

4章 危険地帯を攻める

DATA
訪問……2021年夏
アクセス難易度……★★★★★
歩行時間(往路)……約2時間
湧出量……少量
湯温……高温
湯船工事難易度……★
※上記はすべて筆者訪問時のものです。
　現況と異なっている場合があります

全域がボッケ地帯のヤバすぎる浜

　ここは68ページで紹介した「通し川の湯」の川がつなぐ、ふたつの地獄地帯の「下の池」で、距離は100mもない。アクセスは同様に極めてわかりにくく、ヤブコギで森の中をさまよい続け、やっとたどり着けた難所だ。下の池は野球場ほどの広さの池がすべて湯で、巨大なジャクジーのようにブクブクと熱湯が噴出しており、浜もすべて噴出した泥。しかもその地下には、空洞に熱泥が溜まったボッケ跡が、ほぼ全域にわたって存在する。

　圧巻の絶景に思わず近づいたら、足がズブっと泥の中に沈んだ。次の瞬間、激痛が走った。引き抜こうとしても思うように抜けない。激痛が激熱に変わってゆく。すぐに靴とソックスを脱ぐが、皮膚が大きくただれていた。全治半年のひどい火傷を負ってしまった。それでも、ボッケ帯にあった湯船で泥湯の湯浴みを楽しんだ。ただ、その足でヤブコギをして戻る際には、地獄の痛みを味わい続けるハメになった。

1 アクセスのための道がまったくない山中に、忽然と湯の池が出現する　2 池の中から熱湯がジャクジーのように噴出している。浜はすべて泥だ　3 ボッケ帯の中に、適温の泥湯を見つけ思わず入湯した

福島県I町 | 断崖横穴洞窟

※現在は立ち入り禁止

DATA
訪問……2020年夏
アクセス難易度……★★★★★
歩行時間(往路)……約1時間
湧出量……多量
湯温……低温
湯船工事難易度……工事不要
※上記はすべて筆者訪問時のものです。
　現況と異なっている場合があります

崖をずり落ちながら洞窟に到着

　断崖の中腹にぽっかり空いた洞窟。そこに潜入して湯浴みするには、まずその断崖を登らなければならない。仲間4人、岩登りは全員素人。木の枝を掴みながら低木帯を抜けると、砂と石だけの急斜面になった。切り込み隊長として、身軽な仲間が軽やかに登っていった。大柄な別の仲間がそれに続くが、数mよじ登って動かなくなる。次の瞬間、彼が足からずり落ちてきた。どんどん加速して止まらない。下の低木帯の木に足をひっかけ、斜面で回転し、頭が下になってやっと止まった。

　なんとか崖を登り切り洞窟に侵入。中はほぼ水平で、人工的な洞窟だとわかった。暗闇の奥からとうとうとぬるめの湯が流れてくる。奥はどこまで続いているのか、まったくわからない。大声で叫んでみるが、そのまま闇に吸収されてしまった。洞窟内は寝湯に最適な深さだ。外の景色を眺めながらの湯浴みをみんなで楽しんだ。

1 断崖の横穴からは温泉が滝となって流れ落ちている　2 洞窟の奥はどこまでも続いているような暗闇で不気味だ　3 洞窟の入り口は断崖中腹にあり、そこからの眺望が素晴らしい

栃木県N市 | 噴泉塔の湯

※現在は立ち入り禁止

DATA
訪問……2006年夏／2017年夏
アクセス難易度……★★★★
歩行時間(往路)……約3.5時間
湧出量……少量
湯温……適温
湯船工事難易度……工事不要
※上記はすべて筆者訪問時のものです。
　現況と異なっている場合があります

崩壊が激しいアクセスルート

　H温泉からの道中は、何カ所も崖崩れなどで遮られていた。渡河が何度も必要で、よく変わる流れに惑わされ、渡った先でもルートを見失う。GPSを頼りに川岸を探すと、踏み跡らしき場所が見つかる。しばらく進むと、川は岩壁の合間で狭くなっており、遡れない。崖の上をゆくが、傾斜のきつい斜面のトラバースはヒヤヒヤする。最後の登りは朽ち果てた木のハシゴ。尾根を越えると、目の前に異様な風景が現れた。

　覆いかぶさる鍾乳石が垂れ下がる石灰の崖、水飛沫を上げる何段もの滝、あちこちで湧出する湯、甌穴の湯船、湯けむりを上げる険しい壁に挟まれた谷。驚くような自然物だらけの異次元の世界だ。その真ん中に高さ1mもない天然記念物の噴泉塔が鎮座している。豪雨などで数年～十数年ごとに壊れているが、数年かけて数十cmまで成長するという。先端からは沸々と湯が湧き出し、その上に石灰の堆積が確認できた。

1 中央左に突き出しているのが
噴泉塔。周辺の岩の割れ目からも
湯が湧出している　**2** 滝の少し
下流には甌穴に硫黄泉が溜まっ
た一人用の天然湯船があった

「野湯の西の横綱」と称される広大な湯の流れ

鹿児島県K市 | # 山之城温泉

※現在は立ち入り禁止

4章 危険地帯を攻める

DATA
訪問……2021年夏
アクセス難易度……★★
歩行時間(往路)……約40分
湧出量……多量
湯温……適温
湯船工事難易度……工事不要
※上記はすべて筆者訪問時のものです。
　現況と異なっている場合があります

川全体に温泉が流れる豪快な野湯

　山之城(やまんじょ)温泉は、野湯マニアには「西の横綱」と称される。アクセスは、一般車両進入禁止の林道歩きとなる。20分ほど歩き、橋を渡る。川の水は温泉成分で青白い。さらに10分ほど登ると「有毒ガスが水面付近に滞留し、人命に関わる危険性があります」との警告看板があった。そこから川に下りてゆくと、大きく開けた広い谷に出た。

　目の前を数十m幅の川が流れており、それがすべて温泉だった。つまりダイナミックな流れそのものが巨大な湯船。河原でも沸々と湯が湧出している。上流を見ると、いたるところから噴気が上がっていた。さっそく川に入る。深さもあって、湯船を作る必要はまったくない。川底から温泉が湧いており、周りからも熱湯が流れ込む。時々熱さを感じるが、気になるほどでもなく思い切り湯浴みができる。大規模な湯船の中を何十mも歩き回って、あちこちで入湯した。

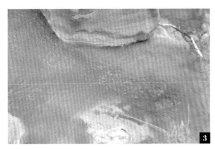

1 荒れた林道の深くえぐられた溝には温泉成分が付着している **2** こんな広い川がすべて温泉の濁り湯。その景色は感動ものだ **3** 河原や川底のいたるところで湯が湧出している

栃木県N市 | N温泉

4章 危険地帯を攻める

DATA
訪問……2019年夏
アクセス難易度……★★★★★
歩行時間（往路）……約4.5時間
湧出量……少量
湯温……高温
湯船工事難易度……★★★★
※上記はすべて筆者訪問時のものです。
　現況と異なっている場合があります

難関を克服してたどり着く別天地

　C岳の登山口駐車場を早朝から歩きはじめる。約2時間かけてC岳、そしてA岳の尾根上のコル（鞍部）を越えて、S平に出る。そこからは、背丈ほどの低木が密集するヤブコギだ。方向感覚を何度も失う。

　1時間ほどで沢に出た。しかし、狭い沢で枝が身体に突き刺さったり、巨石に遮られたり、2m以上の落差を滑り下りたりと、思うように進めない。全身ずぶ濡れになったが、沢水はとても冷たく、真夏でなければ凍傷になりそうだ。ボロボロになったところで、暗い沢に太陽の光が差し込み、温泉が流れるガレ場が現れた。熱い源泉を見つけて湯船を掘る。最大級の苦労を乗り越えての湯浴みは別天地の気分だった。

　にわか雨で沢が増水すると戻れなくなるので、早めに出発。復路は沢もヤブコギもずっと登りで、往路以上に厳しく疲労困憊に。朝から10時間にもおよぶ格闘の末、最後は暗闇の中での下山となった。

1 想像以上にハードなヤブコギ。深雪の中をラッセルするようなものだ 2 ヤブに覆われた沢を歩く 3 超ハードな行程を乗り越え、たどり着いた源泉地帯。この上ない達成感に浸る 4 開放感抜群の景色のよいガレ場で、苦労して工事した湯船

4章 危険地帯を攻める

群馬県K町 | 香草温泉

4章 危険地帯を攻める

DATA

訪問……2009年夏
アクセス難易度……★★★★
歩行時間(往路)……約2.5時間
湧出量……適量
湯温……高温
湯船工事難易度……★
※上記はすべて筆者訪問時のものです。
　現況と異なっている場合があります

魚も羽虫もいない沢をよじ登る

　K温泉スキー場の脇の廃道を1時間ほど登ると、木道橋の残骸のある沢に着く。その沢は通称「毒水沢」。あまりに強酸性で、魚はおろか羽虫の類もいない。1時間弱遡ると、落差20mほどの滝と絶壁。古いロープをよじ登るが、切れそうでハラハラする。次々に現れる滝と崖を横目に、滑りやすい岩壁を這い上がる。ヤブコギ中に硫黄臭が漂いはじめ、沢に下りると随所で温泉が湧出していたが、さらに上流を目指す。

　しばらく遡ると、落差十数mの滝が現れた。滝壺の周辺に湯が湧いていたので、工事して湯船を作る。ネット情報によると、ここの湯はpH0.9。日本一の強酸性といわれる玉川温泉(秋田県仙北市)のpH1.2よりもきつい。レモン汁の10倍の酸性度。消化酵素の胃液と同レベルだ。胃液に入湯しているようなものなので、すぐに皮膚がピリピリしてくる。ヤブコギで傷を負っている肌にはその刺激がとても痛かった。

1 想像以上に滑りやすい
岩盤の毒水沢。より安全な
ルートを探して遡る
2 滝横の絶壁に垂れ下が
った古いロープ。誰がいつ
掛けたのかわからない
3 温泉成分で滑りやすい
岩場をよじ登る。下りも細
心の注意が必要となる
4 強酸性の湯が地肌を強
烈に刺激してくる

Outro

努力と覚悟なきものは去れ
厳しい洗礼と底なしの魅力

　本書を読み通した方であれば、すでに充分に理解されていると思うが、野湯を目指すには、相当の努力と覚悟が求められる。

　ヤブコギや崖登り、沢歩き。ボロボロになりながら難関を突破しても、まるで別の場所に出てしまったりもする。

　読者の中にも、「秘湯」好きの温泉マニアは数多いだろうが、野湯は「秘湯中の秘湯」という言葉がふさわしい。

　強い意志と実行力、そして尋常ならざる「好奇心」がなければ、野湯探訪は容易ではない。

　私自身、ひとたび新たな野湯についての情報の「糸口」を見つけたら、必死でそれを手繰り寄せ、少しでも多くの情報を入手しようと全力を尽くす。

　そして、わずかでも可能性が見い出せれば、なんとしても行こうとする。野湯に到達するまでの数々のハードルを克服することは、無常の喜びだ。その喜びに底なしの湯沼のようにハマってしまい、抜け出せなくなったのが、現在の私の姿なのだ。

日本一の難関から海外まで
野湯への見はてぬ夢は尽きず

　本書でレポートした以外にも、未入湯の野湯はまだまだ数え切れないほどある。その存在にすら気づいていない野湯も、きっと数多くあるはずだ。それらすべてに入湯したい。

　本書の巻頭でも触れたが、北海道は野湯

未踏の野湯が私を呼んでいる
そこに源泉がある限り──

の宝庫。中でも野湯マニアの間で、日本一到達困難といわれるのが「金花湯」（北海道S村）だ。往復でなんと46kmもの踏破が必要だが、いつか入湯したいと夢見ている。

憧れの野湯は、本州にもある。北アルプスの深い山中、本格的な登山をしながら片道2泊3日かかる「T温泉」（富山県T市）の野湯はそのひとつだ。日本神話の国生み物語の舞台の名で呼ばれるあの秘湯だ。

絶海の孤島・吐噶喇（とから）列島（鹿児島県T村）にも、いつか足を伸ばしてみたい。S島には、渡船をチャーターして行く「S温泉海の湯」のほか、5つの滝の湯が次々に現れる「山の湯」まで存在しているというのだ。思いは募る。

私は現在すでに60代なので、体力が残っているうちに行かねば、という焦りも感じる。

野湯はもちろん海外にも存在する。私はこれまで世界70カ国以上を訪問した経験があるのだが、海外の野湯にはほとんど入湯できていない。機会を作っていつかは、それらへも足を運ばねば──。

人類が最初に入った温泉は、自噴湧出する源泉が自然に溜まった「野湯」だったのは間違いない。つまり、「野湯」とは温泉の原点なのだ。

もし、本書のルポを読んでそれに惹きつけられた方がいたら、野湯探訪へと一歩踏み出すのもいいだろう。ただし、繰り返しにはなるが、そこには相当な努力と覚悟が必須だ。結果として野湯の魅力にハマってしまったら、あくまでも自己責任で楽しんでいただきたい。

[著者プロフィール]

瀬戸圭祐(せと・けいすけ)

アウトドアアドバイザー、野湯マニア。NPO法人・自転車活用推進研究会理事。自動車メーカー勤務の傍ら、自転車・アウトドア関連の連載、講座などを数多く行っている。著書に『ジテツウ完全マニュアル』(ベースボールマガジン社)、『爽快自転車バイブル』(毎日新聞社)、『自転車ツーリングビギナーズ』(八重洲出版)、『雪上ハイキング スノーシューの楽しみ方』(JTBパブリッシング)、『家族で楽しむ! アウトドア大研究』(水曜社)など。2021年10月末現在、足を運んだ野湯はトータルで80湯以上。

※本書では、一部、国土地理院電子国土ウェブの地形図を加工して使用しています

半死半生でたどり着いた幻の秘湯たち

命知らずの湯

2021年11月25日　第1刷発行

著者　　　瀬戸圭祐
発行人　　塩見正孝
発行所　　株式会社三才ブックス
〒101-0041 東京都千代田区神田須田町2-6-5 OS'85ビル
TEL:03-3255-7995(代表)　FAX:03-5298-3520

編集　　　今田 洋／神谷 郁／南雲恵里香／今田 壮(風来堂)
協力　　　東海汽船／新島村商工会式根島支所／
　　　　　木下滋雄／木下光来
装幀・デザイン　福島巳恵(United)
編集人　　槻 真悟

印刷・製本　図書印刷株式会社

ISBN978-4-86673-293-0　C0026